9급 공무원 시험대비 **최신판**　　　동영상강의　www.pmg.co.kr

박문각 공무원 입문서

2024

시작! 진가영 영어

QMG 박문각

이 책의 머리말

공무원 시험을 처음 준비하시는 수험생이라면 누구나 영어로 답답하고 고민이 많으실 겁니다. 특히, 시험에서 다뤄지는 영어 문법 이론과 영어로 된 독해 지문을 어떻게 체계적으로 학습해서 공무원 영어에서 고득점을 받을 수 있을지 걱정을 하시는 분들이 많고 막상 공부를 시작하더라도 생소하고 낯선 문법 용어와 긴 독해 지문에 압도되어 영어 공부를 시작하는 데 많은 어려움을 겪고 있습니다.

이처럼 공무원 영어 학습을 어떻게 제대로 시작해야 하고 어떻게 기초토대를 잘 잡아야 할지 고민하시는 학습자를 위해, 공무원 영어의 기초를 탄탄하게 잡아서 제대로 된 학습을 할 수 있는 교재와 강의가 절실히 필요하다는 것을 깨달았습니다.

따라서 공무원 영어 단기합격 길라잡이로서 여러분들이 공무원 영어 기초를 탄탄하게 하는 데 큰 도움과 힘이 되어드리고자 쉽고 재밌고 체계적으로 공무원 영어 학습을 시작할 수 있는 교재인 "공무원 영어 입문서"를 출간하고 강의를 진행하게 되었습니다.

이 공무원 영어 입문서는 다음과 같은 특징과 장점이 있습니다.

01 시각적 이미지를 통해 쉽게 이해할 수 있도록 하는 공무원 영어 입문서로 영어에 어려움이 있는 분들이 수월하게 공무원 영어를 받아들이고 배울 수 있도록 하는 최적의 공무원 영어 입문서입니다.

02 학습자의 효율적인 학습 단계인 '개념 이해 – 개념 정리 – 개념 적용'을 토대로, 공무원 영어 시험을 처음 준비하는 분들에게 영어의 장벽을 낮춰서 체계적인 학습이 가능하게 하는 입문서입니다.

03 공무원 시험에서 나오는 기출 문장들을 입문서에서 활용해서 입문서의 내용이 실제 어떻게 공무원 시험에 도움이 되는지 한눈에 파악 할 수 있도록 구성되어있어서 공무원 시험 대비와 밀접하게 관련된 실용적인 입문서입니다.

04 공무원 영어 입문서에 나와 있는 기초 문법 내용을 탄탄하고 체계적으로 습득하실 수 있도록 배운 내용을 직접 문제에 적용해 볼 수 있도록 하는 풍부하고 다양한 연습 문제를 제공하는 입문서입니다.

05 공무원 영어 입문서에 나와 있는 기초 문법 내용을 효율적이고 쉽게 습득하실 수 있도록 저자의 강의를 활용할 수 있는 공무원 영어 입문서입니다.

이러한 특징과 장점을 토대로 이 교재는 공무원 영어를 처음 준비하시거나 기초 개념이 부족하신 분들을 위한 최적의 교재이자 최고의 교재로 학습자들에게 실질적인 도움을 주어 이후에 이어질 영어 학습을 용이하게 함으로써 궁극적으로는 영어 고득점을 이뤄낼 수 있는 디딤돌 같은 입문서가 될 것입니다.

끝으로 이 교재가 나오기까지 디자인에 큰 도움을 주시고 아낌없는 애정을 보내주신 박문각 출판 '이승하 대리님' 그리고 항상 현장에서 믿고 옆에서 힘이 되어주는 '김우주 조교님', 늘 옆에서 저를 응원해주고 아껴주는 '가족'에게도 사랑과 감사의 마음을 전합니다.

아울러 항상 좋은 수업과 교재로 수업을 가능하게 해주신 박문각 공무원 학원과 모든 출판 관계자분들께 끝으로 정말 소중한 항상 저를 믿고 따라와 주시는 모든 분들에게 진심으로 존경과 감사의 말씀을 전합니다.

You don' have to be great to start, but you have to start to be great.
시작하기 위해 위대할 필요는 없다. 하지만 위대해지기 위해서는 시작해야 한다.

이 교재에 나와 있는 내용들을 학습하시면
반드시 공무원 영어 공부를 정복하고 만점으로 나아가는 데 큰 힘이 될 겁니다!
여러분들의 수험생활 노력과 열정이 반드시 합격으로 이어지도록
현명한 공무원 영어 단기합격 길라잡이로서
항상 최고의 모습으로 수업을 통해 뵙도록 하겠습니다.

단기 합격을 이루시길 항상 응원합니다.

4월 노량진 연구실에서
박문각 공무원 영어 대표 강사
진가영

수강 후기

수강생 민*현

★★★★★
진가영 교수님은 러닝타임이 짧으면서도 수업내용이 너무너무 재미있어요!!! 공무원 공부를 하게 되면 시간 절약이 중요하게 느껴지는데 진가영 교수님의 영어 수업이 강의 수업기간은 짧으면서도 강의 내용은 너무너무 알차서 시간 절약을 하면서도 제대로 되고 유익한 영어 공부를 하는 느낌이 들었습니다ㅎㅎ 진가영쌤의 영어 강의를 듣고 어렵고 힘들게 느껴졌던 영어 체계가 확실히 잡히게 되었습니다.

수강생 서*원

★★★★★
21년 국가직 60점 에서 작년 국가직 95점, 올해 국가직 100나왔습니다. 진가영 선생님을 만나기 전에는 영어를 어떻게 공부해야 할지 도저히 감이 오지 않아서 정말 여러 선생님들 강의를 들어보고 문제도 많이 풀고 했지만, 아무 소용이 없었습니다. 하지만, 진가영 선생님을 만난 후에는 문제를 보면 어떠한 출제 포인트가 있는지 눈에 보이기 시작했고, 이를 바탕으로 문제를 풀어가면서 점점 시험 감각을 익히니 점수는 자연스럽게 오를 수밖에 없었습니다.
영어를 어떻게 해야 할지 모르겠는 분들께서는 저를 믿고 진가영 선생님 강의를 한번 들어보십쇼!

수강생 이*석

★★★★★
안녕하세요. 11월부터 박문각 스파르타에서 학습하며 진가영 선생님 수업을 수강한 학생입니다.
11월부터 반년동안 스파르타에서의 철저한 학습관리와 선생님과 열심히 달려온 결과 이번 국가직 시험에서 영어 과목 95점으로 의미 있는 점수를 받을 수 있었고, 무엇보다도 좋은 환경에서 진가영 선생님을 만나 믿고 따라가다 보니 좋은 결과를 만들 수 있었던 것 같습니다.

★★★★★
11월에 시험삼아 풀어봤던 모의고사에서 50점 정도 나올정도로
문법에 대한 지식도 부족했고, 단어도 아는 단어가 20개 선지 나오
면 한 두개 알까말까한 정도로 아무것도 모르는 상태였습니다. 그
런데 가영쌤 수업들으면서 정말 놀라울 정도로 실력 향상이 되어
이번 국가직에서 90점이라는 제 기준에서는 꽤 높은 점수를 받았
습니다:) 가영쌤의 수업이 정말 좋았던 이유는 문법,독해를 체계적
으로 잘 가르쳐주시고 매일매일 단어인증을 숙제로 내주셔서 의무
감으로라도 단어를 꾸준히 외울 수 있도록 도와주셨다는 점입니다!

수강생 김*혜

수강생 김*화

★★★★★
공무원 첫 시작인 초시생인데 처음부터 가영쌤을 만난 건 정말 행
운인 것 같아요! 영어를 제일 오래 배운 거 같은데 공무원 공부 준
비하면서 제일 어렵고 멀게 느껴지는게 영어였어요!(물론 아직도,,,)
근데 쌤 만나서 이제 수업 한달 정도 듣고 있는데 아직도 멀게 느
껴지긴 하지만 쌤 믿고 쌤이 시키는대로 공부하면 가능성이 있을
것 같다는 생각을 하는 요즘이에요!

★★★★★
고등학교 이후 영어에 손을 놓아서 노베이스 상태인데 올인원 강의
를 듣고 영어의 개념을 정리할 수 있었습니다. 문법같은 경우 모르
는 사람들을 위해서 하나하나 필요한 부분만 골라서 설명해주셨습
니다. 그냥 단순히 가르쳐주시는게 아닌 불필요한 공부를 줄이고자
핵심만 짚어서 암기량을 줄여주시는게 매우 좋았습니다. 독해는 제
가 손도 댈 수 없었던 영역이었습니다. 그러나 진가영교수님께서
가르쳐주시는 방법으로 문제를 들여다보니 어느정도 풀 수 있게
되었습니다. 문제를 바라볼수있는 눈이 생기고나니 이전까지 재미
없었던 독해부분이 오히려 더 재미있게 느껴지는거 같았습니다.

수강생 조*준

GUIDE

구성과 특징

1

가장 읽기 쉬운
최적의 공무원 영어 입문서

쉽게 이해할 수 있도록 시각적 이미지를
구성하였다.

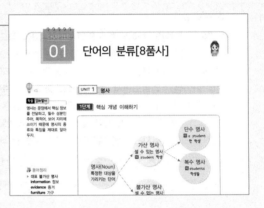

CHAPTER
01 구문 독해 연습 100

2

실제 공무원 기출 문장을
활용한 실용적인 입문서

공무원 시험에서 나오는 기출 문장들을
입문서에서 활용하여 출제경향을 한눈에
파악 할 수 있도록 구성하였다.

3

풍부하고 다양한
연습 문제를 제공하는 입문서

기초 문법 내용을 탄탄하고 체계적으로
습득하고 배운 내용을 직접 문제에 적용해
볼 수 있도록 풍부하고 다양한 연습 문제를
제공하였다.

01 I live in a city.

01 나는 도시에 산다.

02 She works at a hospital.

02 그녀는 병원에서 일한다.

03 The cat lies on the bed.

03 그 고양이가 침대 위에 누워있다.

04 The man stands at the bus stop.

04 그 남자가 버스 정류장에서 서 있다.

05 He laughs at funny jokes.

05 그는 재미있는 농담에 웃는다.

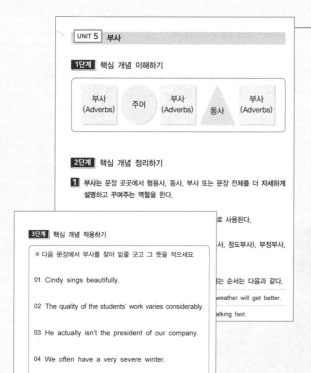

④

체계적인 단계식 접근법으로
학습자의 이해를 돕는 입문서

학습자의 효율적인 학습 단계는 '개념 이해 – 개념 정리 – 개념 적용'이다. 이에 맞추어 입문서를 3단계로 구성하였다.

⑤

저자가 직접 알려주는
강의가 제공되는 입문서

공무원 영어 입문서에 나와 있는 기초 문법 내용을 효율적이고 쉽게 습득하실 수 있도록 저자의 강의를 활용할 수 있다.

최신 기출 출제 경향

전반적인 최신 출제 경향

★ 어휘와 문법과 독해 모두 주로 기출 범위에서 다뤄지는 내용으로 출제

★ 일반적으로 평이한 난이도에서 변별력 문제가 존재

★ 어휘, 생활영어, 문법, 독해 4개의 영역 중 난이도 있는 문제가 한 문제 정도 꾸준히 출제되는 경향

★ 변별력 문제도 수업 시간에는 모두 다루었던 내용을 활용하여 충분히 시험장에서 풀 수 있는 수준으로 출제

영역별 최신 출제 경향

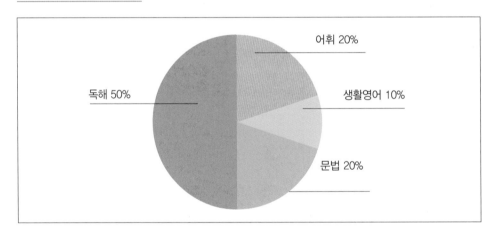

어휘 20%

생활영어 10%

독해 50%

문법 20%

01 어휘 [4문항 ~ 5문항 출제]

★ 9급 7급 8급 등 공무원 시험에서 출제된 어휘들로 구성

★ 고등학교 수준의 평이한 어휘도 포함

★ 유의어 유형: 유의어를 몰라도 맥락에서 추론 가능

★ 빈칸 추론 유형: 빈칸에 들어갈 단어에 대한 단서가 존재

02 생활영어 영역 [2문항 ~ 3문항]

★ 생활영어 표현을 알아야 풀 수 있는 난도 높은 변별력 문제 출제

★ 암기가 필요한 표현형이 아닌 맥락 파악을 통한 정답 찾기 가능한 문제 출제

★ 해석만 하면 되는 평이하고 쉬운 문제 출제

★ 빈칸 유형: 글의 중심 내용과 앞 문장과 뒤 문장의 맥락이 결정적인 단서를 제공
★ 대화 유형: A와 B의 대화가 겉으로 보기에는 자연스러워 보이지만 내포된 의미가 다른 경우
　　　　　　A와 B의 대화 속에 특정 표현이 들어있고 이 대화의 의미가 서로 다른 경우
　　　　　　주로 특정 표현을 알고 있는지 물어보는 문제가 자주 출제

03　문법 영역 [3문항 ~ 4문항]

★ 기존 기출 문제의 중요 출제 포인트들로 구성
★ 문법 이론을 다양한 예문에서 적용하는 연습의 여부를 물어보는 문제
★ 문장에 대한 정확하고 빠른 구조 분석을 요구하는 문제
★ 특정 구문의 해석을 정확하게 알고 적용하는 문제
★ 문장 유형: 짧지 않은 문장 길이 (한 문장이 한 줄 또는 두 줄 정도)
★ 밑줄 유형: 어려운 이론이 아닌 실제 예문에서 긴 문장 구조 분석해낼 수 있는지 측정
★ 영작 유형: 대부분 우리말 해석을 고려하지 않고도 기존 문법 기출 출제 포인트에서 정답 도출이 가능
　　　　　　특정한 구문과 해석이 올바르게 연결되어 있는지 구문의 해석이 중요한 문제

04　독해 영역 [9문항 ~ 10문항]

★ 독해 기출 패턴과 유사하게 출제 – 공시 독해 유형 출제 알고리즘을 알고 있는 것이 중요
★ 글을 처음부터 끝까지 완벽하게 해석하면 지문의 길이나 난도로 인해 시간이 오래 걸리는 문제로 구성
★ 꾸준한 직독직해 연습과 문제 유형별 풀이법에 맞는 빠르고 정확한 독해 풀이가 중요
★ 글의 전개 방식과 글의 구성 원리를 파악함으로써 중요한 정보와 중요하지 않은 정보를 구분해서 지문에 나온 단서를 정확하게 파악하는 연습이 꼭 필요 독해 기출 패턴과 유사하게 출제되므로 공시 독해 유형 출제 알고리즘을 알고 있는 것이 중요
★ 글을 처음부터 끝까지 완벽하게 해석하면 지문의 길이나 난도로 인해 시간이 오래 걸리는 문제로 구성
★ 꾸준한 직독직해 연습과 문제 유형별 풀이법에 맞는 빠르고 정확한 독해 풀이가 중요
★ 글의 전개 방식과 글의 구성 원리를 파악함으로써 중요한 정보와 중요하지 않은 정보를 구분해서 지문에 나온 단서를 정확하게 파악하는 연습이 꼭 필요

최신 기출 출제 경향

♪ 2023년 9급 국가직 기출 내용 분석

01 어휘 영역 [총 4문항]

[1번] 유의어	① nosy 참견하기 좋아하는, 꼬치꼬치 캐묻는 ② close 친밀한 (=intimate 친밀한, 사적인)	③ outgoing 외향적인, 사교적인 ④ considerate 사려 깊은, (남을) 배려하는
[2번] 유의어	① rapid 빠른, 신속한 ② constant (=incessant 끊임없는, 쉴 새 없는)	③ significant 중요한, 상당한 ④ intermittent 간헐적인, 간간이 일어나는
[3번] 유의어	① elaborate 정교한, 자세히 말[설명]하다, 상술하다 ② release 석방, 개봉, 풀어 주다, 방출하다, 개봉하다	③ modify 수정[변경]하다, 바꾸다 ④ suspend 매달다, 정지하다, 연기하다 (=hold off 미루다, 연기하다)
[4번] 유의어	① accept 받아들이다, 수용하다 (= abide by 준수하다, 지키다, 따르다) ② report 보도, 보도하다, 전하다	③ postpone 연기하다, 미루다 ④ announce 발표하다, 알리다

02 문법 영역 [총 3문항]

[5번]
옳지
않은 것
〈밑줄〉
	① 5형식 동사 make의 '가목 진목 구문'
	   가목적어 it, 진목적어 to부정사
	② that절을 목적어로 취하는 3형식 타동사 argue의
	   수동태 구조 – It be p.p. that절
		③ 단수 명사 주어 the biomedical view
		   동사 conceal (X) conceals (O)
		④ 부사(accurately)는 동사(represents) 수식 가능

[6번]
옳지
않은 것
〈문장〉
	① 수동태 구조 'be p.p.'
	   (are expected, be turned)
	② 시제 관련 관용 구문 '~하자마자 ~했다'
	   (Hardly had 주어 p.p. when 주어 과거 동사)
		③ '주장 · 요구 · 명령 · 제안 · 충고'를 의미하는 타동사의
		   that절 뒤에 (should) 동사원형 구조
		④ 사역동사 have의 목적격 보어의 형태
		   목적어와 목적격 보어가 수동인 경우 – 과거분사
		   have it remove (X), have it removed (O)

[7번]
잘못
옮긴 것
〈영작〉
	① 배수사 구문 – 배수사 as 원급 as (어순 중요)
	② [until vs. by]
	   finish, complete, submit, hand in, turn in
	   → '~까지' until (X) by (O)
		③ [이틀에 한 번] every other day
		④ had better 동사 원형
		   in case '~하는 경우에 대비하여'

03 문법 영역 [총 3문항]

[10번] 빈칸	① I don't buy it. (난 안 믿어.) ② It's too pricey. (그건 너무 비싸.)	③ I can't help you out. (난 널 도와줄 수 없어.) ④ Believe it or not, it's true. (믿거나 말거나 그건 사실이야.)
[11번] 빈칸	① This is the map that your client needs. Here you go. ② A guided tour to the river park. It takes all afternoon.	③ You should check it out as soon as possible. ④ The checkout time is three o'clock.

[12번]
대화
	① a hit movie 흥행한 영화
	   make it 성공하다
	② tired 피곤한
	   call it a day 하루 일을 마치다
		③ birthday party 생일 파티
		   a piece of cake 식은 죽 먹기
		④ went home early 일찍 집에 갔다
		   under the weather 몸이 안 좋은

04 독해 영역 [총 10문항]

유형	문항 수	유형	문항수
대의파악[제목, 주제, 요지]	3	빈칸[단어1, 구1]	2
일관성[제거, 삽입, 순서]	3	세부정보[일치, 불일치]	2

♪ 2022년 9급 지방직 기출 내용 분석

01 어휘 영역 [총 4문항]

[1번] 유의어	① strong 강한 ② adaptable 적응[순응]할 수 있는, 융통성 있는 (＝flexible 순응할 수 있는, 유연한, 융통성 있는)	③ honest 정직한 ④ passionate 열정적인
[2번] 유의어	① change 변하다(＝vary 달라지다, 변화하다) ② decline 줄어들다, 감소하다	③ expand 확장하다, 팽창하다 ④ include 포함하다
[3번] 유의어	① in danger of~의 위기에 처한 ② in spite of~임에도 불구하고	③ in favor of~을 찬성하여,~을 위해 ④ in terms of~한 측면에서,~에 관해 (＝with respect to~에 관해)
[4번] 유의어	① turn into~로 변하다 ② start over~를 다시 시작하다	③ put up with~을 참다 ④ run out of~을 다 써버리다

02 생활영어 영역 [2문항]

[9번] [10번]	• 맥락 파악을 통한 정답 찾기 가능 • 다만, 생활영어에서 암기하지 않으면 뜻을 오역할 수 있는 표현이 들어있었으므로 반드시 학습이 필요! 　ex) I can't thank you enough for helping me with it. 　　 그 일을 도와줘서 정말 감사합니다.

03 문법 영역 [4문항]

[5번] 옳지 않은 것 〈문장〉	① 4형식 동사(ask), 간접의문문 어순, 동명사 ② 주어와 동사 수 일치 – 긴 수식어구 포함 　완료시제(have p.p.) 동사에서 수동태 구조 　have discarded (X) 　has been discarded (O)	③ 관계대명사(who) ④ 수동태(be pp), 관계대명사(that)
[6번] 옳지 않은 것 〈밑줄〉	① 자동사와 타동사 모두 가능한 동사(write) 　both + 복수명사 ② 4형식 동사(offer), 병치(and) 　security, warm, and love (X) 　security, warmth, and love (O)	③ 주어와 동사 수 일치 ④ 가정법 과거 완료, 명사절 what, intend to부정사
[7번] 잘못 옮긴 것 〈영작〉	① 우리말과 영작 해석 차이 　'할 수 없었다' 　can (x) can't (O) ② 사라지다 fade (1형식 자동사)	③ to부정사 관용 구문 　(have no alternative but to부정사) ④ to부정사 (aim to부정사), in 기간(~후에)
[8번] 잘못 옮긴 것 〈영작〉	① 부정부사 도치 구문(No sooner) 　No sooner I have finishing (X) 　No sooner had I finished (O) ② 비교급 관용 표현 (sooner or later 조만간)	③ what 관용 구문 (A is to B what C is to D) ④ 병치(but), 동명사(end up ing)

04 독해 영역 [총 10문항]

유형	문항 수	유형	문항수
대의파악[제목, 요지]	2	빈칸[단어1, 구1, 연결어1]	3
일관성[제거, 삽입, 순서]	3	세부정보[불일치]	2

CONTENTS
이 책의 차례

시작!
진가영
영어

PART

01

기초 개념
다지기

단어의 분류[8품사]

학습 길라잡이

명사는 문장에서 핵심 정보를 전달하고, 필수 성분인 주어, 목적어, 보어 자리에 쓰이기 때문에 명사의 종류와 특징을 제대로 알아 두자.

📑 용어정리
▶ 대표 불가산 명사
information 정보
evidence 증거
furniture 가구
equipment 장비
homework 숙제
advice 충고
news 뉴스

UNIT 1 명사

1단계 핵심 개념 이해하기

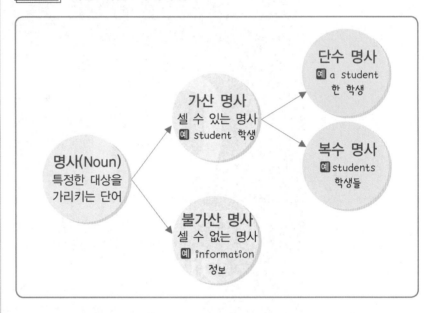

2단계 핵심 개념 정리하기

1 명사는 **특정한 대상**을 가리키는 단어이다. 즉, 사람, 사물, 장소나 눈에 보이지 않는 것 등의 **이름**을 가리키는 낱말이다.

2 가산 명사(셀 수 있는 명사)와 불가산 명사(셀 수 없는 명사)로 나눌 수 있다.

3 가산 명사는 **단수** 명사와 **복수** 명사로 구별된다.

(1) 한 개일 때는 명사 앞에 a를 붙인다.

　예 a teacher 한 선생님

　단, 첫소리가 a, e, i, o, u로 시작하는 명사 앞에는 an을 붙인다.

　예 an apple 하나의 사과

(2) **여러 개**일 때는 명사 뒤에 -s를 붙인다.

　　예 boys 소년들

　　단, 끝 글자가 s, sh, ch, x, o로 끝나는 명사에는 -es를 붙인다.

　　예 buses 버스들

4 불가산 명사는 단수인지 복수인지 구별하지 않는다.

즉, a(n)을 붙일 수 없고 -(e)s를 붙일 수도 없다.

　예 an information 하나의 정보 (×), informations 정보들 (×)

5 불가산 명사를 셀 때는 불가산 명사의 수를 세도록 도와주는 표현을 사용한다.

　예 **a piece of** information 정보 한 가지, **a glass of** water 물 한 잔, **two glasses of** water 물 두 잔

6 가산 명사와 불가산 명사 모두에 정관사 the를 쓸 수 있다.

　예 the student 그 학생, the information 그 정보

7 명사는 문장에서 주어, 목적어, 보어 역할을 한다.

8 대표적인 명사형 접미사에는 '-ion, -ment, -ness, -ce, -ty' 등이 있다.

　예 func**tion** 기능, experi**ment** 실험, kind**ness** 친절, differen**ce** 차이, abili**ty** 능력

📑 용어정리

▶ 관사(article)
　대개의 경우 명사 앞에 놓여서 가벼운 제한을 가하는 낱말. 부정관사인 'a(n)'과 정관사 'the'가 있다.

▶ 관사의 용법
　처음으로 화제에 오르는 사물을 나타내는 보통 명사의 단수형에는 보통 부정관사[a(n)]가 붙고, 이미 화제에 오른 사물을 나타내는 명사 앞에는 정관사[the]가 붙는다.

3단계 핵심 개념 적용하기

※ 다음 문장에서 명사를 찾아 밑줄 긋고 명사의 형태가 올바르게 쓰였는지 확인하세요.

01 All assignments are expected to be turned in.

02 She bought the stocks.

03 Customer were not allowed to stay.

04 Jane wanted to have a wedding.

05 He came to me for an advice.

06 We need to buy some new furnitures.

07 I drink a water.

08 An equipment is urgently needed.

09 He always gives us too much homeworks.

10 A children shouldn't have too much money.

해석

01 모든 과제들은 제출될 예정이다.

02 그녀는 주식을 샀다.

03 고객은 숙박이 허용되지 않았다.

04 Jane은 결혼식을 하고 싶었다.

05 그는 나에게 조언을 구하러 왔다.

06 우리는 새 가구를 좀 사야 한다.

07 나는 물을 마신다.

08 장비가 시급히 필요하다.

09 그는 늘 우리한테 숙제를 너무 많이 준다.

10 아이들은 너무 많은 돈을 가져선 안 된다.

해설

01 assignments (○)

➡ 가산 명사 assignment(숙제)는 복수로 쓸 수 있으므로 assignments 가 올바르게 쓰였다.

02 stocks (○)

➡ 가산 명사 stocks(주식)은 복수로 쓸 수 있으므로 stocks가 올바르게 쓰였다.

03 Customer (×)

➡ 가산 명사인 customer는 단수인지 복수인지 표시해야 한다. 따라서 'Cumstomers'로 고쳐야 한다.

04 a wedding (○)

➡ 가산 명사인 wedding은 단수일 경우 a와 함께 쓰일 수 있으므로 올바르게 쓰였다.

05 an advice (×)

➡ 불가산 명사인 advice는 단수 또는 복수 구분이 없다. 따라서 an을 삭제해야 한다.

06 furnitures (×)

➡ 불가산 명사인 furniture는 단수 또는 복수 구분이 없다. 따라서 furnitures 를 furniture로 고쳐야 한다.

07 a water (×)

➡ 불가산 명사인 water는 단수 또는 복수 구분이 없다. 따라서 a를 삭제해야 한다.

08 An equipment (×)

➡ 불가산 명사인 equipment는 단수 또는 복수 구분이 없다. 따라서 an 을 삭제해야 한다.

09 homeworks (×)

➡ 불가산 명사인 homework는 단수 또는 복수 구분이 없다. 따라서 homeworks를 homework로 고쳐야 한다.

10 A children (×)

➡ 복수 가산 명사인 children은 단수를 의미하는 a와 함께 쓰이지 않는다.

학습 길라잡이

대명사의 특징을 이해하고
여러 종류의 대명사의 용
법을 알아두자.

UNIT 2 | 대명사

1단계 | 핵심 개념 이해하기

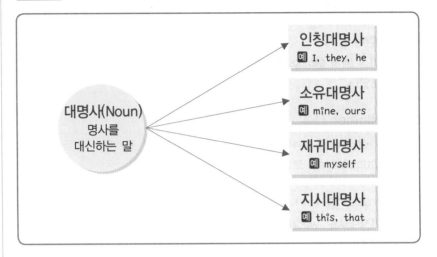

2단계 | 핵심 개념 정리하기

1 대명사란 명사를 대신하여 사용되는 말로 인칭대명사, 소유대명사, 지시대
명사, 재귀대명사 등이 있다.

인칭대명사	사람을 대신하여 가리키는 말이며 주격, 목적격, 소유격에 따라 형태가 달리 쓰인다.	
소유대명사	'누구의 것'을 표현하는 단어이다.	
재귀대명사	인칭대명사에 단수면 **self** 복수면 **selves**를 결합한 형태를 말한다.	
	재귀 용법	재귀대명사가 목적어로 쓰여 주어 자신을 나타내는 것을 재귀 용법이라고 한다. 예 **The children** hid **themselves** under the table. 그 어린이들은 그들 스스로 탁자 아래에 숨었다.
	강조 용법	주어, 목적어, 보어와 동격이 되어 그 뜻을 강조하고 이 때는 재귀대명사를 생략해도 문장이 성립한다. 예 **She herself** did it. 그녀 자신이 직접 그것을 했다.
지시대명사	'이것', '저것'과 같이 어떤 대상을 대신하여 가리키는 말이다. • 가까이 있는 것을 가리킬 때 쓰는 '**this**(단수), **these**(복수)' • 조금 떨어져 있는 것을 가리킬 때 쓰는 '**that**(단수), **those**(복수)' • this(these), that(those)는 형용사 역할을 하기도 한다.	

※ 인칭대명사의 분류

		주격 (-은, -는, -이, -가)	소유격 (-의)	목적격 (-을, -를, -에게)	소유대명사 (-의 것)	재귀대명사 (-자신)
단수	1인칭	I (나는)	my (나의)	me (나를, 나에게)	mine (나의 것)	myself (나 자신)
	2인칭	you (너는)	your (너의)	you (너를)	your (너의 것)	yourself (너 자신)
	3인칭	he (그는)	his (그의)	him (그를)	his (그의 것)	himself
		she (그녀는)	her (그녀의)	her (그녀를)	hers (그녀의 것)	herself
		it (그것은)	its (그것의)	it (그것을, 그것에)	-	itself (그 자체)
복수	1인칭	we (우리들은)	our (우리의)	us (우리들을, 우리들에게)	ours (우리들의 것)	ourselves (우리들 자신)
	2인칭	you (너희들은)	your (너희들의)	you (너희들을, 너희들에게)	yours (너희들의 것)	yourselves (너희들 자신)
	3인칭	they (그들은)	their (그들의)	them (그들을, 그들에게)	theirs (그들의 것)	themselves (그들 자신)

2 앞에 나온 명사를 확인해서 올바른 대명사를 써야 한다.

예 I have a **cat** and he likes **it**.

나는 고양이 한 마리가 있고 그는 그것을 좋아한다.

3단계 핵심 개념 적용하기

※ 다음 문장에서 대명사를 찾아 밑줄 긋고 어떤 종류의 대명사가 쓰였는지 적으세요.

01 They were born in Taiwan.

02 His plan for the smart city was worth considering.

03 She loved playing the piano.

04 You can't buy sincere friends.

05 It was such a beautiful meteor storm.

06 I spent the weekend by myself.

07 The traffic of a big city is busier than that of a small city.

08 Those look riper than these.

09 My cat is three times as old as his.

10 Help yourself to the cakes.

해석

01 그들은 대만에서 태어났다.

02 그의 스마트 도시 계획은 고려할 가치가 있었다.

03 그녀는 피아노 치는 것을 좋아했다.

04 당신은 진실한 친구를 살 수 없다.

05 그것은 너무나 아름다운 유성 폭풍이었다.

06 나는 혼자서 주말을 보냈다.

07 대도시의 교통은 작은 도시의 교통보다 더 혼잡하다.

08 저것들이 이것들보다 더 잘 익은 것처럼 보인다.

09 내 고양이 나이는 그의 고양이 나이의 세 배이다.

10 케이크를 마음껏 드세요.

해설

01 <u>They</u> 인칭대명사, 주격

02 <u>His</u> 인칭대명사, 소유격

03 <u>She</u> 인칭대명사, 주격

04 <u>You</u> 인칭대명사, 주격

05 <u>It</u> 인칭대명사, 주격

06 <u>I</u> 인칭대명사, 주격
   <u>myself</u> 재귀대명사

07 <u>that</u> 지시대명사

08 <u>Those</u> 지시대명사
   <u>these</u> 지시대명사

09 <u>My</u> 인칭대명사, 소유격
   <u>his</u> 소유대명사

10 <u>yourself</u> 재귀대명사

UNIT 3 | 동사

1단계 | 핵심 개념 이해하기

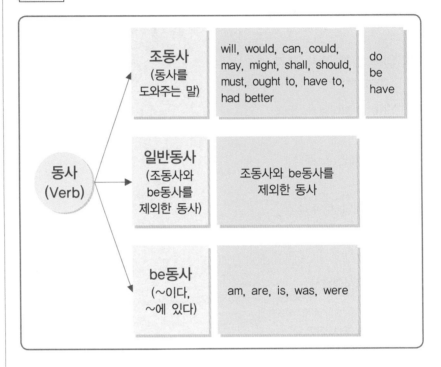

2단계 | 핵심 개념 정리하기

1 동사는 주어의 상태, 동작, 성질을 서술하는 문장 성분이다.

2 동사는 조동사, 일반동사, be동사로 구분될 수 있다.

조동사	동사를 보조하는 말로, 조동사 뒤에 동사원형이 온다. 이때 나오는 동사원형을 본동사라 부른다. 조동사는 be동사나 일반동사 앞에 쓰여서 그 동사에 어떤 특정한 의미를 더해 주는 동사이다.
일반동사	조동사와 be동사를 제외한 동사이다.
be동사	주어의 움직임이 아닌 상태를 나타낸다.

3 be동사와 일반동사는 주어의 인칭과 수 그리고 시제에 따라 **형태를 달리** 쓰는 동사이고 3단 변화한다.

• 동사의 3단 변화

일반동사	동사원형[=Ⓡ]	현재	과거	과거분사
	예 walk	예 walk	예 walked	예 walked
		예 walks		

be동사	동사원형	현재	과거	과거분사
	be	am	was	been
		are	were	
		is	was	

• 동사의 12시제 형태

	과거	현재	미래
단순	과거시제 [Ⓡed]	현재시제 [Ⓡ(s)]	미래시제 [will Ⓡ]
완료	과거완료시제 [had p.p.]	현재완료시제 [has/have p.p]	미래완료시제 [will have p.p.]
진행	과거진행시제 [was/were -ing]	현재진행시제 [am/are/is -ing]	미래진행시제 [will be -ing]
완료 진행	과거완료진행시제 [had been -ing]	현재완료진행시제 [has/have been -ing]	미래완료진행시제 [will have been -ing]

4 일반동사는 능동태[동사의 일반 형태] 구조 또는 수동태[be p.p.] 구조로 쓰일 수 있다.

예 They **broke** the window. [능동태]

예 The window **was broken** by them. [수동태]

5 동사 역할을 할 수 있는 단어는 동사이고 일반적으로 **주어** 다음에 쓰이며 우리말 해석은 '~다'로 끝난다.

3단계 핵심 개념 적용하기

※ 다음 문장에서 동사를 찾아 밑줄 긋고 동사의 종류(be 동사, 조동사, 일반동사)를 각각 분류하고 동사의 시제와 태를 쓰세요.

해석

01 친절한 사람이어서, 그녀는 모든 이에게 사랑받는다.

02 커피 세 잔을 마셨기 때문에, 그녀는 잠을 이룰 수 없다.

03 우리 인생에서 시간보다 더 소중한 것은 없다.

04 그녀는 그것을 쉽게 믿는다.

05 우리는 다른 사람들을 설득하기 위해 단호해야 한다.

06 몇 가지 문제가 새로운 회원들 때문에 생겼다.

07 아이들은 길을 건널 때 아무리 조심해도 지나치지 않다.

08 그녀는 조만간 요금을 내야만 할 것이다.

09 그는 대학에서 의학을 공부했다.

10 나는 5년 후에 내 사업을 시작할 작정이다.

01 Being a kind person, she is loved by everyone.

02 Having drunk three cups of coffee, she can't fall asleep.

03 Nothing is more precious than time in our life.

04 She easily believes it.

05 We should be determined to persuade others.

06 Several problems have arisen due to the new members.

07 Children cannot be too careful when crossing the street.

08 She will have to pay the bill sooner or later.

09 He studied medicine at university.

10 I am aiming to start my own business in five years.

해설

	동사의 종류	동사의 시제	동사의 태
01	is(조동사), loved(일반동사)	현재시제	수동태
02	can't(조동사), fall(일반동사)	현재 또는 미래시제	능동태
03	is(be동사)	현재시제	능동태
04	believes(일반동사)	현재시제	능동태
05	should(조동사), be(be동사)	현재 또는 미래시제	능동태
06	have(조동사), arisen(일반동사)	현재완료시제	능동태
07	cannot(조동사), be(be동사)	현재 또는 미래시제	능동태
08	will(조동사), pay(일반동사)	미래시제	능동태
09	studied(일반동사)	과거시제	능동태
10	am(조동사), aiming(일반동사)	현재진행시제	능동태

UNIT 4 | 형용사

1단계 | 핵심 개념 이해하기

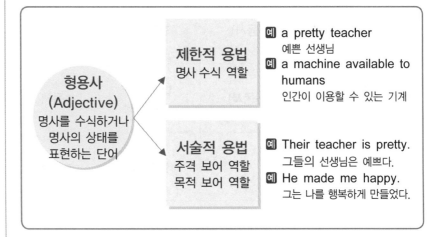

2단계 | 핵심 개념 정리하기

1 형용사는 **명사를 수식**하거나 **명사의 상태를 표현**하는 단어이다.

2 형용사는 **명사의 모양, 성질, 색깔, 수량, 재료, 용도** 등에 대한 **정보를 알려 주는 역할**을 한다.

(1) **모양을 나타내는 형용사**

예 big(큰), small(작은), long(긴), short(짧은), beautiful(아름다운)

(2) **성질이나 특징을 나타내는 형용사**

예 old(나이 든), happy(행복한), kind(친절한), honest(정직한)

(3) **색깔을 나타내는 형용사**

예 black(검은), blue(파란), red(빨간), yellow(노란)

(4) 기수와 서수 : 수를 나타내는 형용사

기수		서수	
one	1	first	1st
two	2	second	2nd
three	3	third	3rd
four	4	fourth	4th
five	5	fifth	5th

(5) 부정 수량 형용사 : 수와 양을 나타내는 형용사 또는 막연한 수나 양의 정도를 나타내는 형용사

구분	많은	약간 있는(긍정)	거의 없는(부정)
복수 가산 명사 수식	many	a few	few
불가산 명사 수식	much	a little	little
수와 양 공통 수식	a lot of lots of plenty of	some	any

3 형용사형 접미사에는 '–able, –ive, –al, –ous, –ful, –less, –ic'등이 있다.

📝 avail**able** 이용할 수 있는, mass**ive** 거대한, credul**ous** 잘 믿는, 속기 쉬운, help**ful** 도움이 되는, use**less** 소용없는, enigmat**ic** 수수께끼 같은

3단계 핵심 개념 적용하기

※ 다음 문장에서 형용사를 찾아 밑줄 긋고 그 뜻을 써보세요.

해석

01 그것은 전기적인 메시지를 보낸다.

02 종교인들은 커피숍에 모이지 않는다.

03 모르는 테이블메이트와도 대화가 가능하다.

04 유기체는 살아 있다.

05 그의 전화 목소리가 이상하게 들렸다.

06 눈이 내릴 것 같다.

07 나는 그들이 아직도 함께 있는 것이 놀랍다.

08 그녀는 매일 조깅을 함으로써 건강을 지키려고 한다.

09 그는 자기가 반대한다는 것을 분명히 했다.

10 결국에는 당신이 그 소음을 의식하지 못하게 된다.

01 It sends electrical messages.

02 Religious people didn't get together in a coffeehouse.

03 One could converse even with unknown tablemates.

04 An organism is alive.

05 His voice sounded strange on the phone.

06 It seems likely to snow.

07 I find it amazing that they're still together.

08 She tries to keep fit by jogging every day.

09 He made it clear that he objected.

10 You eventually become oblivious to the noise.

해설

01 <u>electrical</u> 전기적인

02 <u>Religious</u> 종교적인

03 <u>unknown</u> 알려지지 않은, 미상의

04 <u>alive</u> 살아있는

05 <u>strange</u> 이상한

06 <u>likely</u> ~할 것 같은

07 <u>amazing</u> 놀라운

08 <u>fit</u> 건강한, 탄탄한

09 <u>clear</u> 분명한

10 <u>oblivious</u> 의식하지 못하는

▶ 형용사 + ly = 부사
예 easy + ly = easily
happy + ly = happily
quiet + ly = quietly
quick + ly = quickly

UNIT 5 부사

1단계 핵심 개념 이해하기

부사 (Adverbs)	주어	부사 (Adverbs)	동사	부사 (Adverbs)

2단계 핵심 개념 정리하기

1 부사는 문장 곳곳에서 형용사, 동사, 부사 또는 문장 전체를 더 **자세하게** 설명하고 **꾸며주는 역할**을 한다.

2 부사는 주로 **형용사에 접미사 '–ly'가 붙인 형태**로 사용된다.

3 단순 부사(장소부사, 시간부사, 방법부사, 빈도부사, 정도부사), 부정부사, 접속부사 등이 있다.

4 부사에 따라 **여러 위치에** 놓이지만, 부사가 놓이는 순서는 다음과 같다.

(01)	부사 + 주어 + 동사	Perhaps the weather will get better.
(02)	주어 + 동사 + 부사	They were walking fast.
(03)	주어 + 부사 + 동사	He perfectly understood it.
(04)	be + 부사 + ~ing	I am really enjoying the online novel.
(05)	be + 부사 + p.p.	I was badly wounded.
(06)	has + 부사 + p.p.	I have long been waiting.
(07)	부사 + 형용사	I was very happy.
(08)	조동사 + 부사 + 본동사	I can hardly believe his words.
(09)	자동사 + 부사 + 전치사	I rely heavily on her.
(10)	타동사 + 부사 + 목적어	I remember clearly what happened.

3단계 핵심 개념 적용하기

※ 다음 문장에서 부사를 찾아 밑줄 긋고 그 뜻을 적으세요.

01 Cindy sings beautifully.

01 Cindy는 아름답게 노래한다.

02 The quality of the students' work varies considerably.

02 학생들의 과제의 질은 각기 상당히 다르다.

03 He actually isn't the president of our company.

03 그는 실제로는 우리 회사의 사장이 아니다.

04 We often have a very severe winter.

04 우리는 종종 매우 혹독한 겨울을 보낸다.

05 We hardly know each other.

05 우리는 서로 거의 잘 모른다.

06 Successful businesses are highly adaptable to economic change.

06 성공한 기업들은 경제 변화에 대한 적응력이 대단히 높다.

07 She had lately returned from India.

07 그녀는 얼마 전에 인도에서 돌아온 참이었다.

08 She arrived late.

08 그녀는 늦게 도착했다.

09 The kids behaved well.

09 아이들이 예의 바르게 행동했다.

10 He retired long before the war.

10 그는 전쟁 오래 전에 은퇴를 했다.

해설

01 <u>beautifully</u> 아름답게

02 <u>considerably</u> 상당히

03 <u>actually</u> 실제로는

04 <u>often</u> 자주, 종종

05 <u>hardly</u> 거의 ~ 않다

06 <u>highly</u> 대단히

07 <u>lately</u> 최근에

08 <u>late</u> 늦게

09 <u>well</u> 잘, 좋게, 제대로

10 <u>long</u> 오래, 오랫동안

UNIT 6 │ 전치사

1단계 │ 핵심 개념 이해하기

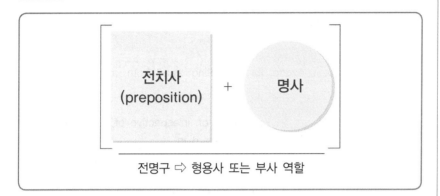

전명구 ⇨ 형용사 또는 부사 역할

학습 길라잡이

전치사는 (대)명사를 수반하여 전명구로 형용사 또는 부사 역할을 한다. 전명구는 문장에서 빈번하게 사용되는 표현이므로 올바르게 알아두자!

2단계 │ 핵심 개념 정리하기

1 전치사는 **명사, 대명사** 앞에 놓여 다른 말과의 관계(위치, 시간, 방향, 소유 등)를 나타내는 품사이다.

2 전치사 뒤에는 항상 명사가 함께 쓰이며 이를 **전명구**라고 부른다.

3 **전명구**[전치사 + 명사]는 문장 안에서 **형용사** 또는 **부사**처럼 쓰인다.

4 전치사는 시간, 장소, 이유, 양보, 관계 또는 제외 등을 나타낸다.
   (1) 기본 전치사

before	~전에	on	~위에, ~에 관하여	with	~와 함께
after	~후에	by	~에 의해, ~에 까지	toward	~을 향하여
about	~에 대해	in	~안에	along	~을 따라
for	~을 위해	at	~에	trough	~을 통과하여
against	~에 반하여	over	~위에	between	~사이에
beyond	~넘어서	until(=till)	~까지	among	~사이에

(2) 빈출 전치사

이유		because of, owing to, due to, on account of
양보		despite, in spite of
제외		except, except for, excepting, apart from, aside from
관계	~와 관계없이	regardless of, irrespective of, without regard to
	~에 관하여	regarding, concerning, when it comes to, with regard[respect] to, as to, as for, in respect of, with reference to

3단계 핵심 개념 적용하기

※ 다음 문장에서 전명구를 찾아 밑줄 긋고 그 뜻을 쓰세요.

01 I got this new skin cream from a drugstore yesterday.

02 The importance of choline has been stressed since the late 90's in the U.S.

03 Around 1700 there were London coffeehouses.

04 Many a careless walker was killed in the street.

05 They remain resolutely opposed to the idea.

06 The cream is good for your skin.

07 Foods such as liver and lima beans are good sources of choline.

08 All of the information was false.

09 Please come to the headquarters.

10 His experience at the hospital was worse than hers.

해석

01 어제 약국에서 새로 산 스킨 크림이다.

02 미국에서는 90년대 후반 부터 콜린의 중요성이 강조 되어 왔다.

03 1700년경에 런던 커피하우 스가 있었다.

04 많은 부주의한 보행자가 길 에서 죽었다.

05 그들은 그 생각에 단호히 반대하고 있다.

06 그 크림은 당신의 피부에 좋다.

07 간과 리마콩과 같은 음식은 콜린의 좋은 공급원이다.

08 정보의 모든 것은 거짓이 었다.

09 본사로 와 주십시오.

10 그 병원에서의 그의 경험 은 그녀의 경험보다 더 나 빴다.

01 <u>from a drugstore</u> 약국에서

02 <u>of choline</u> 콜린의
<u>since the late 90's</u> 90년대 후반부터
<u>in the U.S</u> 미국에서

03 <u>Around 1700</u> 1700년경에

04 <u>in the street</u> 길에서

05 <u>to the idea</u> 그 생각에

06 <u>for your skin</u> 피부에

07 <u>such as liver and lima beans</u> 간과 리마콩과 같은
<u>of choline</u> 콜린의

08 <u>of the information</u> 정보의

09 <u>to the headquarters</u> 본사로

10 <u>at the hospital</u> 병원에서

UNIT 7 접속사

1단계 핵심 개념 이해하기

학습 길라잡이

접속사는 문장에서 동사를 추가하기 위해 필요한 낱말로 문장이 길어지는 데 결정적 역할을 한다. 따라서 다양한 접속사의 올바른 이해를 통해 문장을 제대로 분석할 수 있도록 하자.

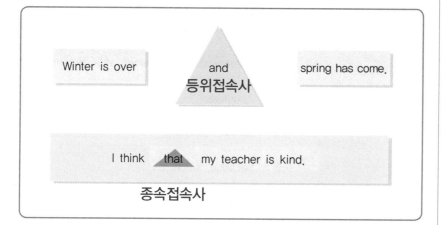

2단계 핵심 개념 정리하기

1 접속사는 문장에서 두 성분을 이어 주는 말이다.

2 접속사는 등위접속사와 종속접속사로 나뉜다.

(1) 등위접속사의 분류

등위접속사	and [그리고] but [그러나] or [또는] so [그래서] for [왜냐하면]
상관접속사	both A and B [A와 B 둘 다] either A or B [A 또는 B 둘 중 하나] neither A nor B [A 또는 B 둘 중 어느 쪽도 아닌] not only A but also B = B as well as A [A뿐만 아니라 B도] not A but B = B, not A [A가 아니라 B]

(2) 종속접속사의 분류

명사절 종속접속사	that, whether/if, what 등	
형용사절 종속접속사	who, whom, whose, which, that, when, where, why, how	
부사절 종속접속사	시간	when, while, until, before, after, as soon as
	조건	if, unless
	양보	though, although
	이유	because, since, as
	목적	so that, in order that

3 등위접속사는 단어와 단어, 구와 구, 절과 절 등 문법적으로 대등한 성분을 연결해주는 말이다.

예 **Coffee** and **tea** are in the next aisle.
커피와 차 종류는 다음 통로에 있다.

예 They can go to the library **by bus** and **by subway**.
그들은 도서관에 버스와 지하철로 갈 수 있어.

예 **He is a teacher** and **she is a student**.
그는 선생님이고 그녀는 학생이다.

4 등위접속사 and가 여러 개의 비슷한 단어를 나열할 때는 중간을 쉼표(,)로 연결해 주고, 마지막 단어 앞에만 and를 쓴다.

예 I ate **a hamburger**, **a coke**, **French fries**, and **some fruits**.
나는 햄버거, 콜라, 감자튀김 그리고 약간의 과일을 먹는다.

5 종속접속사는 주절에 종속되며 하나의 품사(명사, 형용사, 부사) 역할을 해서 문장 성분처럼 역할을 한다.

3단계 핵심 개념 적용하기

※ 다음 문장에서 접속사를 찾아 밑줄 긋고 어떤 접속사인지 쓰세요.

01 He was intelligent, but he was lazy.

02 We must have been burgled while we were asleep.

03 I was tired, so I went to bed early.

04 I think that he is right.

05 They're very different, though they did seem to get on well when they met.

06 How do wild animals think and feel?

07 German shepherd dogs are smart, alert, and loyal.

08 Neither he nor I am responsible for the accident.

09 He not only read the book, but also remembered what he had read.

10 You can lose or break a possession.

해석

01 그는 똑똑했지만, 게을렀다.

02 우리가 잠든 사이에 강도를 당한 게 틀림없다.

03 나는 피곤해서 일찍 잤다.

04 나는 그가 옳다고 생각한다.

05 그들은 매우 다르지만, 그들이 만났을 때는 잘 지내는 것처럼 보였다.

06 야생 동물들은 어떻게 생각하고 느낄까?

07 독일 양치기 개들은 똑똑하고, 민첩하며, 충성스럽다.

08 그도 나도 그 사고에 책임이 없다.

09 그는 그 책을 읽었을 뿐만 아니라, 그가 읽은 것을 기억했다.

10 소지품을 분실하거나 파손할 수 있다.

해설

01 <u>but</u> 등위접속사

02 <u>while</u> 부사절 종속접속사

03 <u>so</u> 등위접속사

04 <u>that</u> 명사절 종속접속사

05 <u>though</u>, <u>when</u> 부사절 종속접속사

06 <u>and</u> 등위접속사

07 <u>and</u> 등위접속사

08 <u>Neither nor</u> 등위 상관접속사

09 <u>not only but also</u> 등위 상관접속사

10 <u>or</u> 등위접속사

MEMO

02 문장의 구성 요소

학습 길라잡이

문법은 문장을 구성하는 규칙이다. 결국 문법을 제대로 학습하기 위해서는 반드시 문장에 대한 이해가 선행되어야 하므로 문장을 이루는 구성요소들의 역할과 쓰임을 제대로 알아두자.

UNIT 1 문장

1단계 핵심 개념 이해하기

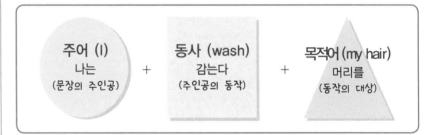

주어 (I)
나는
(문장의 주인공)

\+

동사 (wash)
감는다
(주인공의 동작)

\+

목적어 (my hair)
머리를
(동작의 대상)

2단계 핵심 개념 정리하기

1 문장은 생각이나 감정을 말로 표현할 때 **완결된 내용**을 나타내는 **최소 단위**이다.

> 예 We reached the summit at noon. 우리는 정상에 도달했다.
> [완결된 내용 → 문장]

2 문장은 주어와 서술어를 갖추고 있는 것이 **원칙**이나 때로 이런 것이 생략될 수도 있다.

> 예 Close the door. 창문을 닫아라.
> [주어가 없이 동사원형으로 시작하는 명령문]

3 글의 경우, **문장의 끝**에 '.', '?', '!' 따위의 **문장 부호**를 찍는다.

4 문장의 종류는 다음과 같이 분류할 수 있다.

(1) 구조에 따른 분류	단문	• 동사를 하나만 가지는 문장 • 가장 단순하고 기본적인 유형의 문장
	중문	등위접속사(and, but, or)로 연결된 문장
	복문	절(clauses)을 하나의 문장 성분으로 가지고 있는 문장
(2) 내용에 따른 분류	평서문	• 말하는 이가 자신의 생각을 평범하게 말하는 문장 • 문장 부호는 주로 온점(.)을 쓴다.
	의문문	• 의문사가 없는 의문문(yes-no questions) • 의문사가 있는 의문문(wh-questions)
	명령문	• '~해라'라고 상대방에게 어떤 행동을 명령하거나 지시하는 문장 • 문장의 주어인 You를 생략하고 '동사원형'이나 'Don't 동사원형'으로 시작하는 문장

3단계 핵심 개념 적용하기

※ 다음 문장이 올바른 문장이면 O, 옳지 않은 문장이면 X를 하세요.

해석

01 내 고양이는 나이가 들었다.

01 My cat is old.

02 우리는 그 일을 끝냈다.

02 We finished the work.

03 당신은 비관적이다.

03 You pessimistic.

04 그는 매우 부주의한 사람이다.

04 He is a very careless person.

05 이것은 지도입니다.

05 This the map.

06 나는 새로운 피부용 크림을 샀다.

06 I got this new skin cream.

07 그녀가 돌아왔다.

07 She came back.

08 콜린은 필수 영양소이다.

08 is an essential nutrient.

09 Eco는 대학 학과를 설립했다.

09 founded a university department.

10 Eco는 죽었다.

10 Eco died.

해설

01 My cat is old. (○)

02 We finished the work. (○)

03 You pessimistic. (×)
   ➡ 동사가 없어서 옳지 않은 문장이다. 따라서 형용사와 함께 쓰일 수 있는 be동사를 올바른 형태로 넣어서 'You are pessimistic'으로 고쳐야 한다.

04 He is a very careless person. (○)

05 This the map. (×)
   ➡ 동사가 없어서 옳지 않은 문장이다. 따라서 형용사와 함께 쓰일 수 있는 be동사를 올바른 형태로 넣어서 'This is the map'으로 고쳐야 한다.

06 I got this new skin cream. (○)

07 She came back. (○)

08 is an essential nutrient. (×)
   ➡ 주어가 없어서 옳지 않은 문장이다. 따라서 동사 is와 함께 쓰일 수 있는 주어를 넣어서 'Choline is an essential nutrient.'처럼 고쳐야 한다.

09 founded a university department. (×)
   ➡ 주어가 없어서 옳지 않은 문장이다. 따라서 동사와 함께 쓰일 수 있는 주어를 넣어서 'Eco founded a university department.'처럼 고쳐야 한다.

10 Eco died. (○)

UNIT 2 주어

1단계 핵심 개념 이해하기

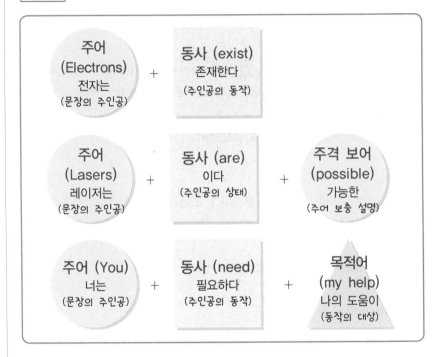

2단계 핵심 개념 정리하기

1 주어는 문장에서 **행동**이나 **상태의 주인공**, 즉 **주체**가 되는 말이다.

2 주어는 일반적으로 문장의 **동사 앞에** 문장 **처음에** 놓인다.

3 주어는 우리말 해석 '~은, ~는, ~이, ~가'에 해당하는 말이다.

4 주어 역할을 할 수 있는 품사는 **명사**나 **대명사**이다.

3단계 핵심 개념 적용하기

※ 다음 문장의 주어를 찾아 밑줄 긋고 그 뜻을 쓰세요.

01 Someone can make you an offer.

02 My hat was blown off.

03 Detectives solved the mystery.

04 The boss hit the roof.

05 He wrote other novels.

06 We spent the entire budget.

07 she can't fall asleep.

08 Some people undergo special training exercises.

09 It can also be momentary.

10 Organisms adapt to their environments.

해석

01 누군가가 당신에게 제안을 할 수 있다.

02 내 모자가 날아갔다.

03 형사들이 그 미스터리를 풀었다.

04 상사는 몹시 화를 냈다.

05 그는 다른 소설을 썼다.

06 우리는 전체 예산을 다 썼다.

07 그녀는 잠에 들 수 없다.

08 어떤 사람들은 특별한 훈련을 받는다.

09 그것은 또한 순간적일 수 있다.

10 유기체는 그들의 환경에 적응한다.

해설

01 <u>Someone</u> 누군가가

02 <u>My hat</u> 내 모자가

03 <u>Detectives</u> 형사들이

04 <u>The boss</u> 상사는

05 <u>He</u> 그는

06 <u>We</u> 우리는

07 <u>She</u> 그녀는

08 <u>Some people</u> 어떤 사람들은

09 <u>It</u> 그것은

10 <u>Organisms</u> 유기체는

UNIT 3 동사

1단계 핵심 개념 이해하기

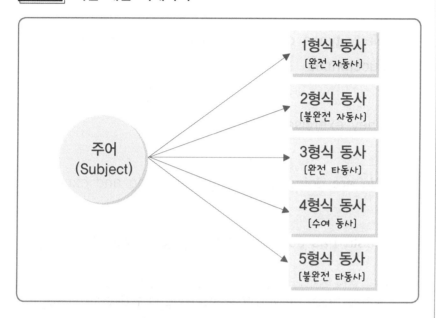

2단계 핵심 개념 정리하기

1 동사는 주어 뒤에 놓이는 게 일반적이고 주어의 **동작**이나 **상태**를 나타내는 말이다.

2 동사에 따라서 문장을 **5가지 형식**으로 **구분**할 수 있다.

3 동사는 **조동사**와 함께 쓰일 수 있고 이때 **조동사** 뒤에 동사는 반드시 **동사원형**으로 쓴다.

4 동사는 다양한 **동사구**로 두 **단어 이상**이 모여서 동사를 이룰 수 있다.

5 동사는 주어와 **수 일치**하며, **시제**를 표시하고, **태**를 나타낼 수 있다.

📋 문장의 5가지 형식
- 1형식: 주어(S) + 동사(V)
- 2형식: 주어(S) + 동사(V) + 주격 보어(S.C)
- 3형식: 주어(S) + 동사(V) + 목적어(O)
- 4형식: 주어(S) + 동사(V) + 간접목적어(I.O) + 직접목적어(D.O)
- 5형식: 주어(S) + 동사(V) + 목적어(O) + 목적격 보어(O.C)

www.pmg.co.kr

※ 다음 문장에서 동사를 찾아 밑줄 긋고 그 뜻을 쓰세요.

해석

01 많은 종류의 자외선 차단제는 유익한 물질을 포함할지도 모른다.

02 그들은 규칙적으로 운동한다

03 우리가 흥미롭고 신나는 일을 하고 있다.

04 Sesta 는 신차 프로젝트를 중단했다.

05 흡연이 폐암의 직접적인 원인이라는 것이 증명되었다.

06 당신은 그 일을 당장 할 필요는 없다.

07 너는 내 충고를 따르지 말았어야 했다.

08 당신은 그 기침 때문에 병원에 가 보는 게 좋을 것이다.

09 그는 오후 두 시까지 집에 있을 것이다.

10 그 소녀는 어려운 상황에서도 항상 웃었다.

01 Many types of sunscreen may contain beneficial substances.

02 They exercise on a regular basis.

03 We are doing something interesting and exciting.

04 Sesta has suspended a new car project.

05 It has been proven that smoking is a direct cause of lung cancer.

06 You need not do it at once.

07 You shouldn't have followed my advice.

08 You had better go to the doctor about cough.

09 He will be staying home until 2:00 in the afternoon.

10 The girl always smiled even in difficult situations.

옳은 선지 해설

01 <u>may contain</u> 포함할지도 모른다

02 <u>exercise</u> 운동한다

03 <u>are doing</u> 하고 있다

04 <u>has suspended</u> 중단했다

05 <u>has been proven</u> 증명되었다

06 <u>need not do</u> 할 필요는 없다

07 <u>shouldn't have followed</u> 따르지 말았어야 했다

08 <u>had better go</u> 가 보는 게 좋을 것이다

09 <u>will be staying</u> 있을 것이다

10 <u>smiled</u> 웃었다

UNIT 4 보어

1단계 핵심 개념 이해하기

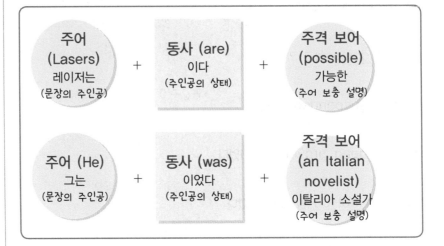

2단계 핵심 개념 정리하기

1 보어는 주어나 목적어에 대해서 보충 설명해주는 성분이다.

  (1) 주격 보어는 주어를 보충 설명해 주는 성분이다.

  (2) 목적격 보어는 목적어를 보충 설명해 주는 성분이다.

2 보어 역할을 할 수 있는 단어는 명사나 형용사이다.

  (1) 명사 보어는 주어 또는 목적어와 동격 관계이다.

  (2) 형용사 보어는 주어 또는 목적어의 상태를 설명한다.

3단계 | 핵심 개념 적용하기

※ 다음 문장에서 보어를 찾아 밑줄 긋고 그 뜻을 쓰세요.

해석

01 Your baby looks lovely.

01 당신의 아기는 사랑스러워 보인다.

02 The coffee tastes good.

02 그 커피는 맛이 좋다.

03 Foods go bad easily in summer.

03 여름에는 음식이 쉽게 상한다.

04 Broccoli will stay fresh.

04 브로콜리는 신선할 것이다.

05 My daughter became unpredictable.

05 내 딸은 종잡을 수 없다.

06 The word sin itself is an interesting concept.

06 죄라는 단어 자체가 흥미로운 개념이다.

07 I find it amazing that they're still together.

07 나는 그들이 아직도 함께 있다는 것이 놀랍다.

08 He made it clear that he objected.

08 그는 반대한다는 것을 분명히 했다.

09 I think of this place as my home.

09 나는 이곳을 나의 고향으로 생각한다.

10 He considers himself an expert on the subject.

10 그는 자신을 그 주제의 전문가로 여긴다.

해설

01 <u>lovely</u> 사랑스러운

02 <u>good</u> 좋은

03 <u>bad</u> 나쁜, 안 좋은

04 <u>fresh</u> 신선한

05 <u>unpredictable</u> 종잡을 수 없는

06 <u>an interesting concept</u> 흥미로운 개념

07 <u>amazing</u> 놀라운

08 <u>clear</u> 분명한

09 <u>as my home</u> 나의 고향

10 <u>an expert</u> 전문가

UNIT 5 | 목적어

1단계 핵심 개념 이해하기

주어 (You)
너는
(문장의 주인공)

동사 (need)
필요하다
(주인공의 동작)

목적어
(my help)
내 도움을
(동작의 대상)

주어 (I)
나는
(문장의 주인공)

동사 (gave)
주었다
(주인공의 동작)

간접 목적어
(You)
너에게
(동작의 대상)

직접 목적어
(a book)
책을
(동작의 대상)

2단계 핵심 개념 정리하기

1 목적어는 **동작 대상**이 되는 문장 성분이다.

⑴ **타동사 다음** 또는 **전치사 다음**에 목적어가 쓰인다.

⑵ 일반적으로 타동사는 하나의 목적어만 취할 수 있으나 **수여 동사**들은
목적어를 2개 취할 수 있다.

⑶ 수여동사는 **간접목적어(~에게)**와 **직접목적어(~을/를)** 2개를 목적어로
가질 수 있다.

2 목적어 역할을 할 수 있는 단어는 **명사**나 **대명사**이다.

3 목적어의 주된 우리말 해석은 '**~을/를**'이다.

3단계 핵심 개념 적용하기

01 그 두 여론조사는 현저히 다른 결과를 내놓았다.

02 형사들이 그 미스터리를 풀었다.

03 에코는 대학 학과를 설립했다.

04 우리는 전체 예산을 다 썼다.

05 우리는 그 일을 이번 달 말까지 끝내야 한다.

06 어떤 사람들은 특별한 훈련을 받는다.

07 그녀는 밖에서 들려오는 발걸음 소리를 들었다.

08 그는 나에게 그 일의 기초를 가르쳐 주었다.

09 그는 나에게 새로운 코트를 사주었다.

10 누군가가 당신에게 제안을 할 수 있다.

※ 다음 문장에서 목적어를 찾아 밑줄 긋고 그 뜻을 쓰세요.

01 The two polls produced strikingly different results.

02 Detectives solved the mystery.

03 Eco founded a university department.

04 We spent the entire budget.

05 We have to finish the work by the end of this month.

06 Some people undergo special training exercises.

07 She heard the sound of footsteps outside

08 He taught me the fundamentals of the job.

09 He bought me a new coat.

10 Someone can make you an offer.

해설

01 <u>different results</u> 다른 결과를

02 <u>the mystery</u> 그 미스터리를

03 <u>a university department</u> 대학 학과를

04 <u>the entire budget</u> 전체 예산을

05 <u>the work</u> 그 일을
<u>the end</u> 끝
<u>the month</u> 이번 달

06 <u>special training exercises</u> 특별한 훈련을

07 <u>the sound</u> 소리를
<u>footsteps</u> 발걸음

08 <u>me the fundamentals</u> 나에게 기초를
<u>the job</u> 그 일

09 <u>me a new coat</u> 나에게 새로운 코트를

10 <u>you an offer</u> 당신에게 제안을

학습 길라잡이

긴 영어 문장을 제대로 파악하기 위해서는 문장의 핵심성분(주어, 동사, 목적어, 보어) 이외에 수식어에 대한 이해가 필요하므로 제대로 알아두자.

UNIT 6 수식어

1단계 핵심 개념 이해하기

수식어	주어	수식어	동사	수식어
Fortunately	the boy	in the room	slept	soundly
(다행스럽게도)	(그 소년은)	(그 방에 있는)	(잠들었다)	(푹)

2단계 핵심 개념 정리하기

1 수식어는 문장의 주성분인 주어, 동사, 목적어, 보어 또는 문장 전체를 꾸며 주는 역할을 하는 말이다.

2 수식어는 무언가를 더 자세하게 표현할 때 사용한다.

3 수식어(modifier)는 생략될 수 있는 부속 성분에 속한다.

4 명사를 수식하는 형용사와 명사를 제외한 나머지를 수식하는 부사가 수식어 역할을 한다.

5 문장에서 수식어 역할을 하는 형용사와 부사는 괄호 치고 중요한 문법 출제 포인트를 확인한다.

PART 01

3단계 핵심 개념 적용하기

※ 다음 문장에서 수식어를 찾아 밑줄 긋고 그 뜻을 쓰세요.

01 I strongly suggest you visit the national art gallery.

02 You should check it out as soon as possible.

03 I'm getting a little tired now.

04 I wonder why he went home early yesterday.

05 Communicating effectively is the secret to success.

06 These parasitic worms reside in the liver.

07   I made it more palpable by adding condiments.

08 She closely resembles her sister.

09 She's still learning to read.

10 To avoid death duty, the man made over the greater part of his property to his only son.

해석

01 나는 당신이 국립미술관에 가보길 강력히 권한다.

02 나는 가능한 한 빨리 그것을 확인해야 한다.

03 나는 지금 조금 피곤하다.

04 나는 그가 어제 왜 일찍 집에 갔는지 궁금하다.

05 효과적으로 의사소통하는 것은 성공의 비결이다.

06 이 기생충은 간에서 서식한다.

07 나는 조미료를 더함으로써 그것을 맛있게 만들었다.

08 그녀는 언니를 꼭 닮았다.

09 그녀는 여전히 읽는 법을 배우고 있다.

10 상속세를 피하기 위해, 그 남자는 그의 재산의 더 많은 부분을 그의 외아들에게 양도했다.

01 <u>strongly</u> 강력히

02 <u>as soon as possible</u> 가능한 한 빨리

03 <u>a little now</u> 조금, 지금

04 <u>early</u> 일찍
   <u>yesterday</u> 어제

05 <u>effectively</u> 효과적으로
   <u>to success</u> 성공의

06 <u>in the liver</u> 간에서

07 <u>more</u> 더
   <u>by adding condiments</u> 조미료를 더함으로써

08 <u>closely</u> 꼭

09 <u>still</u> 여전히

10 <u>To avoid death duty</u> 상속세를 피하기 위해서
   <u>of his property</u> 그의 재산의
   <u>to his only son</u> 그의 외동아들에게

MEMO

시작!
진가영
영어

PART

02

입문 개념
다지기

CHAPTER 01

영어 문장의 기본 구조

1형식 문장[주어(S) + 동사(V)]

주어와 동사만으로 문장의 의미가 완전한 구조로, '주어가 동사하다'로 해석한다.

point 01

✦ 대표적인 1형식 동사

live 살다	**die** 죽다	**work** 일하다	**reside** 거주하다
lie 누워있다	**sit** 앉다	**stand** 서있다	**cry** 울다
laugh 웃다	**dance** 춤을 추다	**sing** 노래하다	**go** 가다
travel 여행하다	**run** 뛰다	**roll** 굴러가다	**walk** 걸어가다
come 오다	**arrive** 도착하다	**rise** 오르다	**fall** 떨어지다
occur 발생하다	**happen** 발생하다	**disappear** 사라지다	**take place** 발생하다
grow up 성장하다	**fall down** 넘어지다	**wake up** 깨어나다	

01 Something happened.

02 The child woke up.

Analysis & Translation

01 <u>Something</u> <u>happened</u>.
      S   V

➡ 무엇인가 발생했다.

02 <u>The child</u> <u>woke up</u>.
      S   V

➡ 그 아이가 깨어났다.

point 02

✦ **1형식 문장 구조의 확장**

주어 + (수식어구(형용사)) + 동사 + (수식어구(부사))
S   M   V   M

주어 또는 동사를 수식하는 표현이 더해져 문장이 길어진다.

> 📑 **수식어구(Modifier)**
> 수식어는 문장의 주성분인 주어, 동사, 목적어, 보어 또는 문장 전체를 꾸며주는 역할을 하는 말이다.

03 My sister lives in Seoul.

04 Mary with a definite goal works really hard.

05 She often travels by boat.

Analysis & Translation

03 <u>My sister</u> <u>lives</u> (in Seoul).
     S   V   M

➡ 내 여동생은 서울에 산다.

04 <u>Mary</u> (with a definite goal) <u>works</u> (really hard).
    S   M   V   M

➡ 분명한 목표를 가진 메리는 정말 열심히 일한다.

05 <u>She</u> (often) <u>travels</u> (by boat)
   S   M   V   M

➡ 그녀는 종종 배로 여행한다.

※ 다음 문장 내에서 주어 동사를 찾아 각각 S, V로 표시하세요.

01 The dog with the wagging tail runs towards me.

02 The girl with the curly hair dances gracefully on stage.

03 The woman with a kind heart volunteers at the local shelter.

04 The building with a modern design stands out in the city.

해설

01 <u>The dog</u> (with the wagging tail) <u>runs</u> (towards me).
      S   M   V   M
➡ 꼬리를 흔드는 개가 나를 향해 달려온다.

02 <u>The girl</u> (with the curly hair) <u>dances</u> (gracefully) (on stage).
      S   M   V   M   M
➡ 곱슬머리 소녀가 무대에서 우아하게 춤을 춘다.

03 <u>The woman</u> (with a kind heart) <u>volunteers</u> (at the local shelter).
      S   M   V   M
➡ 친절한 마음을 가진 여자가 지역 보호소에서 자원봉사를 한다.

04 <u>The building</u> (with a modern design) <u>stands out</u> (in the city).
      S   M   V   M
➡ 도시에서 현대적인 디자인의 건물이 눈에 띈다.

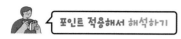 **포인트 적용해서 해석하기**

01 I live in a city.

➡ _____

02 She works at a hospital.

➡ _____

03 The cat lies on the bed.

➡ _____

04 The man stands at the bus stop.

➡ _____

05 He laughs at funny jokes.

➡ _____

06 She sings beautifully.

➡ _____

07 They travel around the world.

➡ _____

08 The boy runs in the park.

➡ _____

09 The ball rolls down the hill.

➡ _____

해석

01 나는 도시에 산다.

02 그녀는 병원에서 일한다.

03 그 고양이가 침대 위에 누워있다.

04 그 남자가 버스 정류장에서 서 있다.

05 그는 재미있는 농담에 웃는다.

06 그녀는 아름답게 노래한다.

07 그들은 세계 일주를 한다.

08 그 소년은 공원에서 달린다.

09 그 공은 언덕 아래로 굴러간다.

10 그는 오늘 늦게 집에 온다.

11 해는 동쪽에서 뜬다.

12 고속도로에서 사고가 발생했다.

13 마술사가 관객 앞에서 사라졌다.

14 그녀는 작은 도시에서 성장했다.

15 그녀는 매일 아침 일찍 일어난다.

10 He comes home late today.

➡ _____

11 The sun rises in the east.

➡ _____

12 The accident occurred on the highway.

➡ _____

13 The magician disappeared in front of the audience.

➡ _____

14 She grew up in a small town.

➡ _____

15 She wakes up early every morning.

➡ _____

UNIT 2 | 2형식 문장[주어(S) + 동사(V) + 주격 보어(S.C)]

주어와 동사 그리고 주격 보어로 문장의 의미가 완전해지는 구조로, '주어가 주격보어(이)다' 혹은 '주어가 주격 보어가 되다'로 해석한다.

point 01

✦ 명사를 보어로 취하는 2형식 동사

상태유지	be 있다 remain 남아있다 stay 머물러 있다
상태변화	become 되다

01 Her profession is a fashion designer.

Analysis & Translation

01 <u>Her profession</u> <u>is</u> <u>a fashion designer</u>.
           S   V   S.C

➡ 그녀의 직업은 패션디자이너이다.

point 02

✦ 형용사를 보어로 취하는 2형식 동사

상태유지	be 있다 keep 유지하다	remain 남있다	stay 머물러 있다
상태변화	become 되다 run 변하다 grow 성장하다 prove 증명되다	get 되다 come 되다 turn 변하다	go 변하다 fall 갑자기 변하다 turn out 드러나다
감각표현	look 보이다 sound 들리다 appear 보이다	smell 냄새나다 feel 느껴지다	taste 맛이 나다 seem 보이다

📖 형용사를 보어로 취하는 2형식 동사의 예
remain silent 침묵을 지키다
stay calm 조용한 상태로 있다
hold true 진실이다
get angry 화내다
go mad 화내다
come true 실현되다
run short 부족해지다
fall asleep 잠들다
grow old 나이가 들다
turn pale 창백해지다

02 She looks calm at work.

03 The dress looks great on you.

Analysis & Translation

02 <u>She</u> <u>looks</u> <u>calm</u> (at work).
    S   V   S.C   M

➡ 그녀는 직장에서 차분해 보인다.

03 <u>The dress</u> <u>looks</u> <u>great</u> (on you).
      S   V   S.C   M

➡ 그 드레스는 너에게 멋져 보인다.

point 03

✦ **'like 명사'를 보어로 취하는 동사**

감각표현	**look** 보이다	**smell** 냄새나다	**taste** 맛이 나다
	sound 들리다	**feel** 느껴지다	

04 She looks like a very kind person.

05 Today feels like a good day.

Analysis & Translation

04 <u>She</u> <u>looks</u> <u>like a very kind person</u>.
    S   V   S.C

➡ 그녀는 매우 친절한 사람 같아 보인다.

05 <u>Today</u> <u>feels</u> <u>like a good day</u>.
    S   V   S.C

➡ 오늘은 좋은 날씨 같아.

 Check Out

※ 다음 문장 내에서 주어, 동사, 주격 보어를 찾아 각각 S, V, S.C로 표시하시오.

01 He appears confident.

02 I remain silent during the meeting.

03 He felt tired after a long day at work.

 해설

01 <u>He</u> <u>appears</u> <u>confident</u>.
   S   V   S.C

➡ 그는 자신 있어 보인다.

02 <u>I</u> <u>remain</u> <u>silent</u> (during the meeting).
  S   V   S.C   M

➡ 나는 회의 중에 잠자코 있다.

03 <u>He</u> <u>felt</u> <u>tired</u> (after a long day) (at work).
   S   V   S.C   M   M

➡ 그는 회사에서 긴 하루를 보낸 후 피곤함을 느꼈다.

 포인트 적용해서 해석하기

해석

01 그녀는 그녀의 새 직업에 행복했다.

01 She was happy with her new job.

 ➡ _____

02 그는 재능 있는 음악가였다.

02 He was a talented musician.

 ➡ _____

03 그는 희망에 차 있다.

03 He remains hopeful.

 ➡ _____

04 국물은 좀 짠맛이 난다.

04 The soup tastes a bit salty.

 ➡ _____

05 주변의 혼란에도 불구하고, 그녀는 침착하고 집중했다.

05 Despite the chaos around her, she stayed calm and focused.

 ➡ _____

06 이 모든 세월이 흘렀음에도 그 약속은 여전히 유효하다.

06 The promise still holds true, even after all these years.

 ➡ _____

07 그들은 화가 났다.

07 They turned angry.

 ➡ _____

08 휴식이 없으면, 당신은 과로로 인해 미쳐버릴 것이다.

08 Without break, you're going to go mad from overwork.

 ➡ _____

09 We're running short of food, so we have to buy some.

➡ _____

09 식량이 부족해서 좀 사야
한다.

10 Despite growing old, she remained young at heart.

➡ _____

10 그녀는 나이가 들었음에
도 불구하고 마음은 여전
히 젊었다.

11 The book appears interesting.

➡ _____

11 그 책은 재미있어 보인다.

12 She feels satisfied.

➡ _____

12 그녀는 만족을 느낀다.

UNIT 3 | 3형식 문장[주어(S) + 동사(V) + 목적어(O)]

주어와 동사 그리고 목적어로 문장의 의미가 완전해지는 구조로, '주어 + 동사 + 목적어'는 '주어가 목적어를 동사하다'로 해석한다. '자동사 + 전치사'가 하나의 '타동사'로 역할을 할 수 있다.

point 01

✦ <u>주어</u> + <u>동사</u> + <u>목적어</u>
  S   V   O
  ▲   ≠   ▲

✦ <u>주어</u> + <u>동사</u> + <u>-self (-selves)</u>
  S   V   O
  ▲   =   ▲

목적어는 동작의 대상이 되는 명사 또는 대명사로 주어와 일반적으로 다른 대상이다. 주어와 같은 대상이 목적어 자리에 나올 경우 목적어는 재귀대명사로 표현해야 한다.

01 Most Koreans respect Admiral Yi Sun-shin.

02 You should respect yourself.

Analysis & Translation

01 <u>Most Koreans</u> <u>respect</u> <u>Admiral Yi Sun-shin</u>.
   S   V   O
   ▲_____≠_____▲

➡ 대부분의 한국인들은 이순신 장군을 존경한다.

02 <u>You</u> <u>should respect</u> <u>yourself</u>.
   S   V   O
   ▲_____=_____▲

➡ 너는 너 자신을 존중해야 한다.

📑 재귀대명사

myself 나 자신
ourselves 우리 자신
yourself 너 자신
yourselves 너희들 자신
himself 그 자신
herself 그녀 자신
itself 그 자체
themselves 그들 자신

point 02

✦ **타동사 + 목적어**
✦ **[자동사 + 전치사] + 목적어**

타동사는 전치사 없이 목적어를 취하고, 자동사는 전치사와 함께 목적어를 취한다.

뜻	타동사	자동사 + 전치사
치다	hit	run over
설명하다	explain	account for
존경하다	respect	look up to
경멸하다	despise	look down on
반대하다	oppose	object to
기다리다	await	wait for
~를 떠나다	leave	depart from
시중들다(돌보다)	tend	attend on

- 앞 명사와 같은 명사를 연결하는 전치사
  → as (로서)
- 문맥에 따라 다른 의미로 사용되는 전치사
  → of, about, with, at, on, in, to, from, by

03 She hit the ball with a powerful swing.

04 The car almost ran over the pedestrian.

05 I respect my parents for their hard work and dedication.
= I look up to my parents for their hard work and dedication.

03 <u>She</u> <u>hit</u> <u>the ball</u> (with a powerful swing).
   S   V   O   M

➡ 그녀는 강력한 스윙으로 공을 쳤다.

04 <u>The car</u> (almost) <u>ran over</u> <u>the pedestrian</u>.
   S   M   V   O

➡ 그 차는 보행자를 거의 칠 뻔했다.

05 <u>I</u> <u>respect</u> <u>my parents</u> (for their hard work and dedication).
 S V   O   M

= <u>I</u> <u>look up to</u> <u>my parents</u> (for their hard work and dedication).
  S V   O   M

➡ 나는 부모님의 노력과 헌신 때문에 부모님을 존경한다.

 Check Out

※ 다음 문장 내에서 주어, 동사, 목적어를 찾아 각각 S, V, O로 표시하세요.

01 Can you explain this concept to me?

02 Imports from China accounted for 40% of the total.

03 I despise dishonest people.

04 We await your response to our proposal.

해설

01 Can you explain this concept (to me)?
   조동사 S   V   O   M

  ➡ 당신은 이 개념을 저에게 설명해 줄 수 있나요?

02 Imports (from China) accounted for 40% of the total.
   S   M   V   O

  ➡ 중국으로부터의 수입이 전체의 40%를 차지했다.

03 We should respect the opinions and beliefs (of people)
   S   V   O   M

(with different cultural backgrounds).
               M

  ➡ 우리는 다른 문화적 배경을 가진 사람들의 의견과 신념을 존중해야 한다.

04 We await your response (to our proposal).
   S   V   O   M

  ➡ 우리는 우리 제안에 대한 회신을 기다린다.

포인트 적용해서 해석하기

해석

01 단지 다른 배경을 가졌다고 해서 누군가를 무시하지 마라.

01 Don't look down on someone just because they have a different background.

➡ _____

02 그녀는 직장에서의 새로운 정책에 반대했다.

02 She objected to the new policy at work.

➡ _____

03 나는 지금 떠날 필요가 있다. 그렇지 않으면 나는 늦을 것이다.

03 I need to leave now, or I'll be late.

➡ _____

04 간호사는 세심하게 동정심을 가지고 아픈 사람들을 돌본다.

04 The nurse tends the sick with care and compassion.

➡ _____

05 당신은 그 과학적 현상의 이론을 설명해 줄 수 있나요?

05 Can you explain the theory behind the scientific phenomenon?

➡ _____

06 다가오는 선거에서 다른 정치 후보들의 장단점에 대해 논의해 보자.

06 Let's discuss the pros and cons of different political candidates in this upcoming election.

➡ _____

UNIT 4 4형식 문장[주어(S) + 동사(V) + 간접목적어(I.O) + 직접목적어(D.O)]

주어와 동사 그리고 간접목적어와 직접목적어를 가지고 문장의 의미가 완전해지는 구조로, '간접목적어(Indirect Object)'는 '~에게'로, 두 번째 목적어(Direct Object)'는 '~을/를'로 해석한다.

📖 수여동사
간접목적어와 직접목적어를 취하는 동사를 수여동사라 한다.

point 01

✦ **주어** + **동사** + **간접목적어** + **직접목적어**
  S   V   I.O(~에게)   D.O(~을/를)

give 주다	**send** 보내다	**lend** 빌려주다	**tell** 말하다
show 보여주다	**teach** 가르쳐주다	**offer** 제공해주다	**bring** 가져다주다
make 만들어주다	**buy** 사주다	**get** 얻다	**ask** 물어보다

01 She gave her tutor a thank-you card for his help.

02 The committee granted the applicant an interview for the club.

Analysis & Translation

01 <u>She</u> <u>gave</u> <u>her tutor</u> <u>a present</u> (for his help).
   S   V   I.O   D.O   M

➡ 그녀는 가정교사에게 그의 도움에 대한 선물을 주었다.

02 <u>The committee</u> <u>granted</u> <u>the applicant</u> <u>an interview</u>
        S   V   I.O   D.O

(for the club).
     M

➡ 위원회는 지원자에게 클럽 면접을 허락했다.

point 02

✦ **주어** + **동사** + **간접목적어** + **직접목적어**
　　S　　　V　　　　I.O　　　　　D.O

➡ **주어** + **동사** + **직접목적어** **전치사** **간접목적어**
　　S　　　V　　　　D.O　　　전치사　　I.O

to	**give** 주다	**send** 보내다	**lend** 빌려주다
	tell 말해주다	**show** 보여주다	**teach** 가르쳐주다
	offer 제공해주다	**bring** 가져다주다	
for	**make** 만들어주다	**buy** 사주다	**get** 가져다주다
of	**ask** 물어보다		

03 I taught my friend grammar rules and vocabulary.
= I taught grammar rules and vocabulary to my friend.

04 She told her sister the latest news.
= She told the latest news to her sister.

05 Can you buy me some paint and canvases?
= Can you buy some paint and canvases for me?

Analysis & Translation

03 I taught my friend grammar rules and vocabulary.
　S　V　　I.O　　　　　D.O

= I taught grammar rules and vocabulary (to my friend).
　S　V　　　　O　　　　　　　　　　　　M

➡ 친구에게 문법 규칙과 어휘를 가르쳤습니다.

04 She told her sister the latest news.
　S　V　　I.O　　　D.O

= She told the latest news (to her sister).
　S　V　　　　O　　　　　　M

➡ 그녀는 여동생에게 최신 뉴스를 말했다.

05 <u>Can</u> <u>you</u> <u>buy</u> <u>me</u> <u>some paint and canvases</u>?
　　조동사　S　V　I.O　　D.O

= <u>Can</u> <u>you</u> <u>buy</u> <u>some paint and canvases</u> (for me)?
　조동사　S　V　　　O　　　　　　　M

➡ 너는 나에게 페인트와 캔버스를 좀 사줄 수 있니?

Check Out

※ 다음 문장 내에서 주어, 동사, 간접목적어, 직접목적어를 찾아
각각 S, V, I.O, D.O로 표시하세요.

01 The department awarded the student organization a grant.

02 He assigned the man a grading task for the lab report.

03 They awarded the winner of the essay contest a prize.

04 She sent the department chair an email.

해설

01 <u>The department</u> <u>awarded</u> <u>the student organization</u> <u>a grant</u>.
　　　　S　　　　　　V　　　　　　I.O　　　　　　　D.O

➡ 그 부서는 학생 단체에 보조금을 수여했다.

02 <u>He</u> <u>assigned</u> <u>the man</u> <u>a grading task</u> (for the lab report).
　　S　　V　　　I.O　　　D.O　　　　　　　M

➡ 그는 그 남자에게 실험실 보고서에 대한 채점 작업을 할당했다.

03 <u>They</u> <u>awarded</u> <u>the winner</u> (of the essay contest) <u>a prize</u>.
   S   V   I.O   M   D.O

➡ 그들은 에세이 대회의 우승자에게 상을 수여했다.

04 <u>She</u> <u>sent</u> <u>the department chair</u> <u>an email</u>.
   S   V   I.O   D.O

➡ 그녀는 학과장에게 이메일을 보냈다.

포인트 적용해서 해석하기

01 He told me the directions to the store and the best way to avoid traffic.

➡ _____

02 I want to teach my son the value of hard work and the importance of kindness.

➡ _____

03 They asked the librarian for help finding sources for their essay.

➡ _____

04 They gave the student council a budget to plan events.

➡ _____

05 He showed the class a video related to the lecture.

➡ _____

해석
01 그는 가게로 가는 길과 교통 체증을 피하는 가장 좋은 방법을 나에게 말해 주었다.

02 나는 아들에게 근면의 가치와 친절의 중요성을 가르치고 싶다.

03 그들은 사서에게 에세이의 출처를 찾는 데 도움을 요청했다.

04 그들은 학생회에 행사 계획을 위한 예산을 주었다.

05 그는 강의와 관련된 비디오를 수업에 보여주었다.

UNIT 5 5형식 문장[주어(S) + 동사(V) + 목적어(O) + 목적격 보어(O.C)]

주어와 동사 그리고 목적어와 목적격 보어로 문장의 의미가 완전해지는 구조로, 주로 '주어는 목적어를 목적보어로 동사하다'로 해석한다.

point 01

✦ 다양한 5형식 동사

think 생각하다	believe 믿다	suppose 추정하다
assume 추정하다	find 알다, 깨닫다	consider 생각하다
deem 여기다	make 만들다	call 부르다
elect 선출하다	name 이름짓다	appoint 임명하다

01 I believe him honest.

02 The professor finds the student's project creative.

03 She appointed her friend the group leader for the project.

04 He makes his opinion on the topic clear to the class.

Analysis & Translation

01 <u>I</u> <u>believe</u> <u>him</u> <u>honest</u>.
　 S　　 V　　　 O　　 O.C

➡ 나는 그가 정직하다고 믿는다

02 <u>The professor</u> <u>finds</u> <u>the student's project</u> <u>creative</u>.
　　　　 S　　　　　 V　　　　　　 O　　　　　　　 O.C

➡ 교수는 학생의 프로젝트가 창의적이라고 생각한다.

03 <u>She</u> <u>appointed</u> <u>her friend</u> <u>the group leader</u> (for the project).
　 S　　　 V　　　　 O　　　　 O.C　　　　　 M

➡ 그녀는 친구를 프로젝트의 그룹 리더로 임명했다.

04 <u>He</u> <u>makes</u> <u>his opinion</u> (on the topic) <u>clear</u> (to the class).
     S   V   O   M   O.C   M

➡ 그는 주제에 대한 자신의 의견을 급우들에게 분명히 한다.

Check Out

※ 다음 문장 내에서 주어, 동사, 목적어, 목적격 보어를 찾아 각 각 S, V, O, O.C로 표시하세요.

01 The student finds the lecture topic interesting.

02 She deems the internship opportunity a perfect fit for her career goals.

03 He considers himself an expert on the subject.

해설

01 <u>The student</u> <u>finds</u> <u>the lecture topic</u> <u>interesting</u>.
      S   V   O   O.C

➡ 그 학생은 강의 주제를 흥미롭게 생각한다.

02 <u>She</u> <u>deems</u> <u>the internship opportunity</u> <u>a perfect fit</u>
     S   V   O   O.C

(for her career goals).
         M

➡ 그녀는 인턴십 기회가 자신의 경력 목표에 완벽하게 맞는다고 생각한다.

04 <u>He</u> <u>considers</u> <u>himself</u> <u>an expert</u> (on the subject).
     S   V   O   O.C   M

➡ 그는 자신을 그 주제의 전문가로 여긴다.

포인트 적용해서 해석하기

01 The professor considers the research paper a success.

　➡ _____

02 The committee elects the president a new treasurer.

　➡ _____

03 He found the research topic challenging but rewarding.

　➡ _____

04 They appointed the team captain to be a mentor for the new players.

　➡ _____

05 She deems the group project a valuable learning experience.

　➡ _____

06 The professor finds the class discussion insightful.

　➡ _____

해석

01 교수는 연구 논문이 성공적이라고 생각한다.

02 위원회는 회장을 새로운 회계 담당자로 선출한다.

03 그는 연구 주제가 도전적이지만 보람이 있다고 생각한다.

04 그들은 팀의 주장을 새로운 선수들의 멘토로 임명했다.

05 그녀는 그룹 프로젝트가 귀중한 학습 경험이라고 여긴다.

06 교수는 수업 토론이 통찰력이 있다고 생각한다.

CHAPTER 02 주어의 이해

 용어정리

▶ **구(phrase)**
두 단어 이상이 모였으나 주어와 서술어의 구성이 아닌 언어 형식
▶ **절(clause)**
주어와 서술어를 가진 비독립적 문장

UNIT 1 명사구 주어

주어자리에는 명사뿐만 아니라 명사구와 명사절도 주어로 역할을 할 수 있다.

point 01

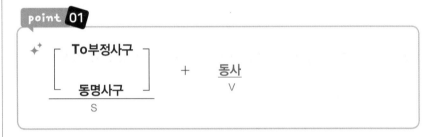

01 To learn a new language takes time and effort.

02 Learning a new language is necessary.

Analysis & Translation

01 <u>To learn a new language</u> <u>takes</u> <u>time and effort</u>.
　　　　　　S　　　　　　　　　V　　　　　O

➡ 새로운 언어를 배우는 것은 시간과 노력이 필요하다.

02 <u>Learning a new language</u> <u>is</u> <u>necessary</u>.
　　　　　　S　　　　　　　　V　　　　S.C

➡ 새로운 언어를 배우는 것은 필요하다.

point 02

✦ **[To부정사구] 주어 + 동사**

⇨ **It(가주어) + 동사 + 진주어(to부정사)**

📑 가주어 등장
의미의 명확성을 위해서 기능상의 주어 가주어(it)을 놓고 긴 진주어를 문장 뒤에 위치시킬 수 있다.

PART
02

03 To maintain a healthy lifestyle is important.

= It is important to maintain a healthy lifestyle.

04 To keep up with current events is important.

= It is important to keep up with current events.

Analysis & Translation

03 <u>To maintain a healthy lifestyle</u> <u>is</u> <u>important</u>.
　　　　　　　　S　　　　　　　　　　V　　S.C

= <u>It</u> <u>is</u> <u>important</u> / <u>to maintain a healthy lifestyle</u>.
　가S　V　　S.C　　　　　　　　진S

➡ 건강한 생활습관을 유지하는 것이 중요하다.

04 <u>To keep up with current events</u> <u>is</u> <u>important</u>.
　　　　　　　　S　　　　　　　　　　V　　S.C

= <u>It</u> <u>is</u> <u>important</u> / <u>to keep up with current events</u>.
　가S　V　　S.C　　　　　　　진S

➡ 최신 이슈를 따라가는 것이 중요하다.

  Check Out

※ 문장의 성분을 찾아 S, V, O, S.C로 표시하고 주어를 해석하세요

01 Playing soccer requires skill and teamwork.

02 Taking care of the environment should be everyone's responsibility.

03 To write a book requires discipline and dedication.

04 To succeed in life is the ultimate goal of every student.

해설

01 <u>Playing soccer</u> <u>requires</u> skill <u>and teamwork</u>.
       S   V   O

➡ 축구를 하려면 기술과 팀워크가 필요하다.

01 <u>Taking care of the environment</u> should be everyone's
                  S   V   S.C
<u>responsibility</u>.

➡ 환경 보호는 모두의 책임이다.

03 <u>To write a book</u> <u>requires</u> <u>discipline and dedication</u>.
          S   V   O

➡ 책을 쓰는 것은 규율과 헌신이 필요하다.

04 <u>To succeed in life</u> is <u>the ultimate goal</u> (of every student).
          S   V   S.C   M

➡ 인생에서 성공하는 것은 모든 학생의 궁극적인 목표이다.

포인트 적용해서 해석하기

01 To study abroad is a great opportunity to broaden your horizons.

➡ _____

02 It is essential to wear sunscreen to protect your skin from harmful UV rays.

➡ _____

03 It is vital to have a balanced diet for good nutrition and health.

➡ _____

04 Learning a new language can be a fun and rewarding experience.

➡ _____

05 Volunteering at a local charity can be a rewarding and enriching experience.

➡ _____

PART 02

해석

01 해외 유학은 시야를 넓힐 수 있는 좋은 기회이다.

02 유해한 자외선으로부터 피부를 보호하기 위해 자외선 차단제를 바르는 것은 필수이다.

03 좋은 영양과 건강을 위해 균형 잡힌 식사를 하는 것이 중요하다.

04 새로운 언어를 배우는 것은 재미있고 보람 있는 경험이 될 수 있다.

05 지역 자선단체에서 자원봉사를 하는 것은 보람 있고 풍요로운 경험이 될 수 있다.

| UNIT 2 | 명사절 주어 |

주어자리에는 명사뿐만 아니라 명사구와 명사절도 주어로 역할을 할 수 있다.

point 01

That S + V (완전 구조)
Whether S + V (완전 구조)

What + S + V (불완전 구조)
What + S + V + O (불완전 구조)
What + S + V + C (불완전 구조)

S

+ **동사**
V

01 That she is fluent in five languages amazes me.

02 What you said about the book is very interesting.

Analysis & Translation

01 <u>That she is fluent in five languages</u> <u>amazes</u> <u>me</u>.
        S   V   O

➡ 그녀가 5개 국어에 능통하다는 것은 나를 놀라게 한다.

02 <u>What you said about the book</u> <u>is</u> <u>very interesting</u>.
         S   V   S.C

➡ 당신이 책에 대해 말한 것은 매우 흥미롭다.

📝 **구조 분석**
명사절 내의 주어는 She
이고 동사는 is이다.

📝 **구조 분석**
명사절 내의 주어는 you
이고 동사는 said이다.

point 02

✨ 긴 명사절인 'That절', 'Whether절', 'What절' 등은 가주어 'it'으로 놓고 긴 명사절은 문장 뒤에 위치시킬 수 있다.

04 That he cheated on the test was obvious to everyone.
= It was obvious to everyone that he cheated on the test.

05 Whether or not we can go on the trip depends on the weather.
= It depends on the weather whether or not we can go on the trip.

Analysis & Translation

04 <u>That he cheated on the test</u> <u>was</u> <u>obvious</u> (to everyone).
　　　　　　　S　　　　　　　　　　V　　 S.C　　　　M

➡ 그가 시험에서 부정행위를 했다는 것은 모두에게 명백했다.

▶ 명사절 내의 주어는 he 이고 동사는 cheated이다.

05 <u>Whether or not we can go on the trip</u> <u>depends on</u>
　　　　　　　　　　　S　　　　　　　　　　　　　　 V

<u>the weather</u>.
　　　O

➡ 여행을 갈 수 있는지의 여부는 날씨에 달려 있다.

▶ Whether절 내의 'or not' 은 생략할 수 있다.

※ 다음 문장 내에서 주어에 밑줄을 긋고 해석을 하세요.

01 That the train is delayed again is frustrating.

02 What he says is not always true.

해설

01 <u>That the train is delayed again</u> <u>is</u> <u>frustrating</u>.
　　　　　　　　S　　　　　　　　　　　V　　　S.C

　➡ 기차가 또 연착해서 답답하다.

02 <u>What he says</u> <u>is</u> (not always) <u>true</u>.
　　　　　S　　　　V　　　M　　　　S.C

　➡ 그가 말하는 것이 항상 옳은 것은 아니다.

 포인트 적용해서 해석하기

01 That the store is having a sale is exciting.

➡ _____

01 그 가게가 세일을 한다는
   것은 신나는 일이다.

02 That the cafeteria serves pizza on Fridays is exciting.

➡ _____

02 카페테리아가 금요일에 피
   자를 제공한다는 것은 신
   나는 일이다.

03 That she was able to overcome her fear of heights is impressive.

➡ _____

03 그녀가 고소공포증을 극
   복할 수 있었다는 것은 인
   상적이다.

04 Whether we should take the scenic route or the highway is up to you.

➡ _____

04 경치 좋은 길을 택할 것인지
   고속도로를 택할 것인지는
   당신에게 달려 있다.

05 What we learned from the experience is invaluable.

➡ _____

05 경험에서 배운 것은 매우
   중요하다.

UNIT 3 | 주어 자리에 쓰인 it

문장의 주어 역할을 하는 it이 대명사 it이 아니면, 해석을 하지 않는 기능상의 주어 역할을 한다. 진주어가 뒤에 없으면, '비인칭 주어'라고 칭하며, 진주어가 뒤에 있을 때에는 '가주어'라 칭한다.

point 01

✦ **비인칭 주어 구문**
날씨(온도), 시간, 거리 등을 나타내는 주어로 쓴다.

	rain 비가 내린다, snow 눈이 내린다	
It	**be동사**	**sunny** 맑은 **cloudy** 흐림 **rainy** 비오는 **windy** 바람이 센 **stormy** 날씨가 험한 **snowy** 눈이 내리는 **hazy** 흐릿한, 안개낀 **foggy** 안개 낀 **humid** 습한 **dry** 건조한 **damp** 축축한 **muggy** 무더운 **cold** 추운 **cool** 시원한 **mild** 온화한 **warm** 따뜻한 **hot** 뜨거운 **scorching** 작렬하는, 매우뜨거운 **freezing** 매우 추운 **frigid** 매우 추운,

01 It is a few miles to the nearest gas station.

02 It snows a lot here in winter.

Analysis & Translation

▶ 비인칭 주어(거리)

01 <u>It</u> <u>is</u> <u>a few miles</u> (to the nearest gas station).
　　S　V　　S.C　　　　　　　　　　　M

➡ 가장 가까운 주유소까지 몇 마일 거리입니다.

▶ 비인칭 주어(날씨)

02 <u>It</u> <u>snows</u> (a lot) (here) (in winter).
　　S　V　　　M　　　M　　　M

➡ 이곳에는 겨울에 눈이 많이 내린다.

 Check Out

※ 다음 문장 내의 It의 역할을 정의하세요. [비인칭 주어, 가주어, 진주어]

01 It is cold and damp in the basement.

02 It is crucial to have a clear understanding of personal values and beliefs.

해설

01 <u>It</u> is <u>cold and damp</u> (in the basement).
   S   V   S.C   M

▶ 비인칭 주어

➡ 지하실은 춥고 축축하다.

02 <u>It</u> is <u>crucial</u> to have a clear understanding of personal
   S   V   S.C   진S

▶ 가주어

values and beliefs.

➡ 개인의 가치관과 신념을 명확히 이해하는 것이 중요하다.

 포인트 적용해서 해석하기

01 It is freezing in here.
➡ _____

02 It is a long way to the top of the mountain.
➡ _____

03 It is difficult to understand quantum mechanics.
➡ _____

04 It is hard to believe that she is already 30 years old.
➡ _____

해석
01 여기는 춥다.

02 산꼭대기까지는 멀다.

03 양자역학을 이해하기 어렵다.

04 벌써 서른 살이라는 게 믿기지 않는다.

CHAPTER 03 목적어의 이해

명사구 목적어

목적어 자리에는 명사뿐만 아니라 명사구와 명사절도 목적어 역할을 할 수 있다.

point 01

✦ S + V + to부정사 목적어 → 주어는 to부정사를 V하다

• **to부정사(to-v)를 목적어로 취하는 동사**

기대 · 희망	expect 기대하다 wish 소망하다 desire 원하다 would like 하고 싶다 plan 계획하다	want 원하다 hope 희망하다 need 필요로 하다 long 바라다 aim 목표로 하다
결정 · 결심	decide 결정하다 agree 동의하다 determine 결정하다 agree 동의하다 consent 동의하다	promise 약속하다 refuse 거부하다 resolve 결정하다 assent 동의하다
의도 · 노력	intend 의도하다 try 노력하다	mean 의도하다 choose 선택하다
결과	fail 실패하다	manage 간신히 ~하다

01 Matthew hoped to be a psychologist.

02 He decided to change his major.

01 <u>Matthew</u> <u>hoped</u> <u>to be a psychologist</u>.
   S   V   O

➡ Matthew는 심리학자가 되기를 원했다.

02 <u>He</u> <u>decided</u> <u>to change his major</u>.
  S   V   O

➡ 그는 전공을 바꾸기로 결심했다.

point 02

✦ **S + V + 동명사 목적어 → 주어는 동명사를 V하다**

• **동명사(v-ing)을 목적어로 취하는 동사**

enjoy 즐기다	**admit** 인정하다	**mind** 꺼려하다
avoid 피하다	**reject** 거부하다	**help** 피하다
escape 피하다	**deny** 부정하다	**finish** 마무리하다
complete 마무리하다	**practice** 연습하다	**keep (on)** 계속하다
stand 참다, 견디다	**insist** 주장하다	**put off** 연기하다
postpone 연기하다	**quit** 포기하다	**give up** 포기하다
suggest 제안하다	**consider** 고려하다	

03 Andrew enjoys hiking in the mountains.

04 They finished writing their research paper yesterday.

03 <u>Andrew</u> <u>enjoys</u> <u>hiking in the mountains</u>.
   S   V   O

➡ Andrew는 산에서 하이킹을 즐긴다.

04 <u>They</u> <u>finished</u> <u>writing their research paper</u> (yesterday).
  S   V   O   M

➡ 그들은 어제 연구 논문 쓰기를 마쳤다.

Check Out

※ 다음 문장 내에서 목적어를 찾아 밑줄 긋고 해석을 적으세요.

01 I really enjoyed eating heavy supper.

02 She offered to give me a ride to the airport.

03 They agreed to go on a camping trip together.

해설

01 I (really) enjoyed eating heavy supper.
S M V O

➡ 나는 저녁을 많이 먹는 것을 정말 즐겼다.

02 She offered to give me a ride to the airport.
S V O

➡ 그녀는 공항까지 태워다 주겠다고 제안했다.

03 They agreed to go on a camping trip together.
S V O

➡ 그들은 함께 캠핑을 가기로 합의했다.

포인트 적용해서 해석하기

01 He hopes to get into a good college.

➡ _____

02 She plans to study abroad next year.

➡ _____

03 They agreed to meet at the park after school.

➡ _____

04 He enjoys playing basketball in his free time.

➡ _____

05 We are considering starting a new project next week.

➡ _____

06 He delayed making a decision until he had more information.

➡ _____

07 I can't help feeling nervous before a job interview.

➡ _____

해석

01 그는 좋은 대학에 들어가기를 희망한다.

02 그녀는 내년에 유학을 갈 계획이다.

03 그들은 방과 후 공원에서 만나기로 했다.

04 그는 여가 시간에 농구를 즐긴다.

05 우리는 다음 주에 새로운 프로젝트를 시작하는 것을 고려 중이다.

06 그는 더 많은 정보를 얻을 때까지 결정을 연기했다.

07 나는 면접 전에 긴장감을 느낄 수 없다.

✦ 목적어가 to부정사인지 동명사인지에 따라 의미가 달라지는 동사

to부정사 목적어: <할 것을, 하기를>		to부정사 목적어: <한 것을, 하는 것을>	
forget to부정사	할 것을 잊어버리다	**forget** 동명사	한 것을 잊어버리다
remember to부정사	할 것을 기억하다	**remember** 동명사	한 것을 기억하다
regret to부정사	하여 유감이다	**regret** 동명사	한 것을 후회하다
try to부정사	하려고 노력하다	**try** 동명사	시험 삼아 해보다
cf. stop to부정사	하기위해 멈추다	**stop** 동명사	하는 것을 멈추다

01 Don't forget to buy milk on your way home from work.

02 I'll never forget visiting the Grand Canyon last summer.

03 I always remember to take my keys with me when I leave the house.

04 He stopped smoking for his health.

05 He stopped to smoke.

Analysis & Translation

01 <u>Don't forget</u> <u>to buy milk on your way home from work</u>.
　　　　　V　　　　　　　　　　　O
➡ 일이 끝나고 집에 가는 길에 우유 사는 거 잊지 마라.

02 <u>I'll never forget</u> <u>visiting the Grand Canyon last summer</u>.
　S　　　V　　　　　　　　　　O
➡ 나는 지난 여름에 그랜드 캐년을 방문한 것을 결코 잊지 못할 것이다.

03 | (always) <u>remember</u> <u>to take my keys with me</u>
 S   M   V   O

(when I leave the house).
                M

➡ 나는 집을 나갈 때 항상 열쇠를 가져가는 것을 기억한다.

04 <u>He</u> <u>stopped</u> <u>smoking</u> (for his health).
 S   V   O   M

➡ 그는 건강을 위해 흡연을 그만뒀다.

05 <u>He</u> <u>stopped</u> (to smoke).
 S   V   M

➡ 그는 담배를 피기 위해 멈췄다.

point 03

✦ 목적어 역할을 하는 의문사구

who to부정사	누구를 -할지
when to부정사	언제 -할지
what to부정사	무엇을 -할지
where to부정사	어디에서 -할지
which to부정사	무엇을 -할지
how to부정사	어떻게 -할지
whether to부정사	-할지의 여부

05 We discussed when to go, what to see and so on.

06 He wasn't sure how to apologize to Brandon.

07 They deliberated on whether to continue with the talks.

Analysis & Translation

05 <u>We</u> <u>discussed</u> <u>when to go, what to see and so on</u>.
 S V   O

➡ 우리는 언제 갈 건지, 뭘 볼 건지 등등을 논의했다.

06 <u>He</u> <u>wasn't sure</u> <u>how to apologize to Brandon</u>.
 S V   O

➡ 그는 어떤 식으로 Brandon에게 사과해야 할지 모르고 있었다.

07 <u>They</u> <u>deliberated on</u> <u>whether to continue with the talks</u>.
 S V   O

➡ 그들은 그 회담을 계속할 것인지를 두고 숙고를 했다.

 **Check Out**

※ 다음 중 문법적으로 옳은 것을 선택하시오.

01 I always forget [to turn off / turning off] the lights before leaving the room.

02 I want to learn [what / how] to play the guitar.

03 They were arguing about [who / where] to go for their summer vacation.

04 Don't forget [to bring / bringing] your textbooks to class tomorrow.

05 Let's stop [to argue / arguing] and try [to find / finding] a solution together.

해설

01 I (always) forget to turn off the lights (before leaving the
   S   M   V   O   M

room).

➡ 나는 항상 방을 떠나기 전에 불을 끄는 것을 잊는다.

02 I want to learn how to play the guitar.
   S   V   O

➡ 나는 기타를 어떻게 연주하는지를 배우고 싶다.

03 They were arguing about where to go for their summer
   S   V   O

vacation.

➡ 그들은 여름휴가를 어디로 갈지에 대해 옥신각신하고 있었다.

04 Don't forget to bring your textbooks to class tomorrow.
        V   O

➡ 내일 수업에 교과서를 가져오는 것을 잊지 마세요.

05 Let's stop arguing / and try to find a solution together.
     V   O   V   O

➡ 우리 논쟁을 멈추고 함께 해결책을 찾으려 노력합시다.

 포인트 적용해서 해석하기

해석

01 그녀는 어제 내 이메일에 답장하는 것을 잊었다.

02 그녀는 우산을 가져오는 것을 잊었고, 지금 그녀는 흠뻑 젖었다.

03 오늘 저녁 식사 예약하는 거 기억하셨어요?

04 나는 하루 종일 충분한 물을 마시는 것을 기억하려고 노력한다.

05 어렸을 때 가족과 함께 그 영화를 본 기억이 난다.

06 병따개를 사용하지 않고 병을 열려고 하지 마라.

07 우리가 직접 방을 칠해보았지만 잘 되지 않았다.

08 그는 가장 가까운 주유소로 가는 길을 묻기 위해 멈춰 섰다.

01 She forgot to reply to my email yesterday.

➡ _____

02 She forgot bringing her umbrella, and now she's soaked.

➡ _____

03 Did you remember to make a reservation for dinner tonight?

➡ _____

04 I try to remember to drink enough water throughout the day.

➡ _____

05 I remember seeing that movie with my family when I was younger.

➡ _____

06 Don't try to open the jar without using a jar opener.

➡ _____

07 We tried painting the room ourselves, but it didn't turn out well.

➡ _____

08 He stopped to ask for directions to the nearest gas station.

➡ _____

UNIT 2 | 명사절 목적어

명사 뿐만 아니라 명사절도 목적어의 역할을 할 수 있다. 명사절이 목적어가
될 때 접속사 앞에서 끊어 읽는다. '명사절의 어순'은 '접속사 + (주어) + 동
사'의 어순이다.

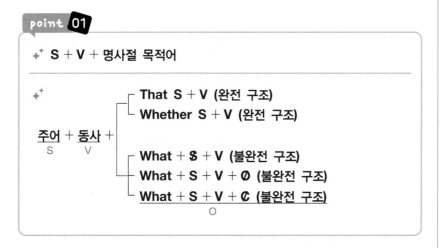

point 01

✦ S + V + 명사절 목적어

```
                    ┌ That S + V (완전 구조)
                    └ Whether S + V (완전 구조)
주어 + 동사 +
 S      V           ┌ What + S̶ + V (불완전 구조)
                    ├ What + S + V + Ø (불완전 구조)
                    └ What + S + V + C̶ (불완전 구조)
                                    O
```

01 The teacher announced that there will be a test next
   week.

02 She can't decide whether she should take the job or
   not.

03 They asked if I had any questions about the project.

04 He told me what he thought about the book.

Analysis & Translation

01 <u>The teacher</u> <u>announced</u> <u>that there will be a test</u>
      S   V   O

<u>next week</u>.
➡ 선생님은 다음 주에 시험이 있다고 발표했다.

02 <u>She</u> <u>can't decide</u> <u>whether she should take the job or not</u>.
    S   V   O
➡ 그녀는 그 일을 할 것인지 말 것인지 결정할 수 없다.

03 <u>They</u> <u>asked</u> <u>if I had any questions about the project</u>.
    S   V   O
➡ 열쇠를 어디에 두었는지 기억이 나지 않는다.

04 <u>He</u> <u>told</u> <u>me</u> <u>what he thought about the book</u>.
    S   V   I.O   D.O
➡ 그는 그 책에 대해 어떻게 생각하는지 말해주었다.

 Check Out

※ 다음 문장 내에서 주어 동사를 찾아 각각 S, V로 표시하시오.

01 She believes that studying abroad will broaden her horizons.

02 They explained why the experiment failed.

03 They asked if we wanted to join them for the concert.

해설

01 <u>She</u> believes <u>that studying abroad will broaden her horizons</u>.
   S   V   O

➡ 그녀는 유학이 시야를 넓혀줄 것이라고 믿는다.

02 <u>They</u> explained <u>why the experiment failed</u>.
   S   V   O

➡ 그들은 실험이 실패한 이유를 설명했다.

03 <u>They</u> asked <u>if we wanted to join them for the concert</u>.
   S   V   O

➡ 그들은 우리가 콘서트에 함께하고 싶은지 물었다.

포인트 적용해서 해석하기

01 나는 교수님이 시험에 대해 더 많은 정보를 주시기를 바란다.

01 I hope that the professor gives us more information about the exam.

➡ _____

02 나는 축구팀이 마지막 경기에서 이겼다는 소문을 들었다.

02 I heard that the football team won their last game.

➡ _____

03 그녀는 유학을 갈지 아니면 현지에 남을지 고민하고 있다.

03 She's considering whether to study abroad or stay local.

➡ _____

04 오늘 밤 파티에 갈 수 있을지 모르겠다.

04 I don't know if I can go to the party tonight.

➡ _____

05 누가 책상 위에 쪽지를 두고 갔는지 궁금했다.

05 He wondered who had left the note on his desk.

➡ _____

06 우리는 성공하기 위해 필요한 모든 것을 할 것이다.

06 We'll do whatever it takes to succeed.

➡ _____

07 그가 그녀에게 뭐라고 했는지 궁금하다.

07 I'm curious about what he said to her.

➡ _____

08 그는 자신의 진술이 의미하는 바를 설명했다.

08 He explained what he meant by his statement.

➡ _____

09 She wondered when the train would arrive.

➡ _____

10 She asked where the nearest gas station was.

➡ _____

11 She told me where the nearest library was.

➡ _____

12 I'm curious about how she managed to finish the project early.

➡ _____

13 I can't remember why I came into this room.

➡ _____

09 그녀는 기차가 언제 도착할지 궁금했다.

10 그녀는 가장 가까운 주유소가 어디에 있는지 물었습니다.

11 그녀는 나에게 가장 가까운 도서관이 어디인지 말해 주었다.

12 나는 그녀가 어떻게 프로젝트를 일찍 끝낼 수 있었는지 궁금하다.

13 내가 왜 이 방에 들어왔는지 기억이 나지 않는다.

CHAPTER 04 보어의 이해

UNIT 1 다양한 주격 보어

주어를 보충 설명하는 보어 자리에는 (대)명사, 형용사뿐만 아니라 명사구와 명사절이 쓰일 수 있다.

point 01

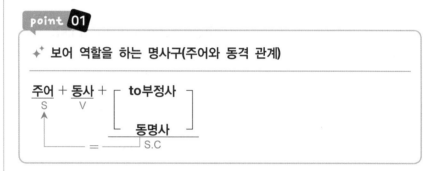

✦ 보어 역할을 하는 명사구(주어와 동격 관계)

01 My biggest challenge is managing my time effectively.

02 My aim for the presentation is to engage the audience and get their buy-in.

Analysis & Translation

01 <u>My biggest challenge</u> is <u>managing my time effectively</u>.
　　　　S └──────┘　　=　└──────────┘ S.C

　➡ 그들이 가장 좋아하는 활동은 산에서 하이킹이다.

02 <u>My aim (for the presentation)</u> is <u>to engage the audience</u>.
　　　　S └──────────┘　　=　└──────────┘ S.C

　➡ 프레젠테이션에 대한 나의 목표는 청중을 참여시키는 것이다.

point 02

✦ 보어 역할을 하는 명사절(주어와 동격 관계)

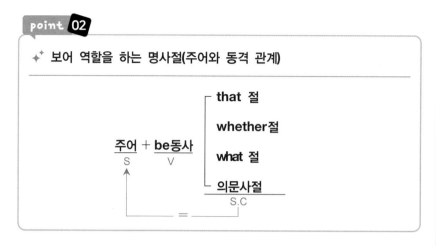

주어 + be동사
S   V

that 절
whether절
what 절
의문사절
S.C

=

03 My prediction is that it will rain tomorrow.

04 The decision hinges on whether the results of the experiment are conclusive.

05 The concern is when the package will arrive.

Analysis & Translation

03 My prediction is that it will rain tomorrow.
   S   V   =   S.C
➡ 내 예측은 내일 비가 올 것이라는 것이다.

04 The decision hinges on whether the results (of the
   S   V   =   S.C

experiment) are conclusive.
➡ 결정은 실험 결과가 결정적인지 여부에 달려 있다.

05 The concern is when the package will arrive.
   S   V   =   S.C
➡ 관심은 언제 패키지가 도착하는지 이다.

Check Out

※ 다음 문장 내에서 보어에 밑줄을 긋고 해석하세요.

01 Our aim is to create a welcoming and inclusive workplace for everyone.

02 Their main responsibility is managing the company's finances.

03 The inquiry is whether the company has complied with the regulatory requirements.

해설

01 Our aim is to create a welcoming and inclusive
   S   V   =   S.C

workplace for everyone.
   ➡ 우리의 목표는 모두를 환영하고 포용하는 직장을 만드는 것이다.

02 Their main responsibility is managing the company's
   S   = V   S.C

finances.
   ➡ 그의 가장 큰 업적은 마라톤을 완주한 것입니다.

03 The inquiry is whether the company has complied
   S   V   =   S.C

with the regulatory requirements.
   ➡ 질문은 회사가 규제 요구 사항을 준수했는지 여부이다.

포인트 적용해서 해석하기

01 Our goal is to reduce our carbon footprint and protect the environment.

➡_____

01 우리의 목표는 탄소 발자 국을 줄이고 환경을 보호 하는 것이다.

02 Her passion is to help others and make a difference in the world.

➡_____

02 그녀의 열정은 다른 사람 을 돕고 세상을 변화시키 는 것이다.

03 My plan for the future is to start my own business and be my own boss.

➡_____

03 미래에 대한 나의 계획은 내 자신의 사업을 시작하고 내 상사가 되는 것이다.

04 His primary focus is improving his health and fitness.

➡_____

04 그의 주요 초점은 건강과 체력을 향상시키는 것이다.

05 Their favorite activity is hiking in the mountains.

➡_____

05 그들이 가장 좋아하는 활동 은 산에서 하이킹하는 것이다.

06 His biggest accomplishment is finishing a marathon.

➡_____

06 그의 가장 큰 업적은 마라 톤을 완주한 것이다.

07 Our expectation is that the project will be completed on time.

➡_____

07 우리는 프로젝트가 제시 간에 완료될 것으로 기대 한다.

08 그의 주장은 그가 돈을 훔치지 않았다는 것이다.

08 His claim is that he didn't steal the money.

➡ _____

09 그녀의 조언은 우리가 사과해야 한다는 것이다.

09 Her advice is that we should apologize.

➡ _____

10 문제는 그녀가 내일 회의에 참석할 수 있는지 여부이다.

10 The question is whether she can attend the meeting tomorrow.

➡ _____

11 미스터리는 사라진 파일에 일어난 일이다.

11 The mystery is what happened to the missing files.

➡ _____

UNIT 2 다양한 목적격 보어[목적어와 목적격 보어 관계가 능동인 경우]

목적보어 목적어를 보충설명하는 보어로 명사, 형용사뿐만 아니라, to부정사, 원형부정사(동사원형), 분사가 보어 역할을 할 수 있다.

point 01

✦ 보어 역할을 하는 명사구

┌ 강제하다 get, require, force
│ 유도하다 ask, cause
│ 허락하다 allow, permit   + 목적어 + [to부정사] 목적격 보어
└ 기대하다 expect, want

01 The manager got her team to meet the tight deadline.

02 The professor asked his students to submit their assignments by the end of the week.

Analysis & Translation

01 The manager got her team to meet the tight deadline.
　　　S　　　 V 　　O　　　　　　　O.C
➡ 관리자는 추가 리소스와 지원을 제공하여 팀이 빡빡한 마감일을 맞추도록 했다.

02 The professor asked his students to submit their
　　　S　　　 V 　　　O　　　　　　O.C
assignments (by the end of the week).
　　　　　　　　　　　M
➡ 교수는 학생들에게 주말까지 과제를 제출하라고 요구했다.

▶ help는 목적보어로 to 부정사와 원형부정사(동사원형)를 둘 다 보어로 취한다.
예 I alway help mom (to) clean the house.
나는 엄가가 집을 청소하는 것을 항상 돕는다.

point 02

✦ 보어 역할을 하는 원형부정사(동사원형)과 현재분사

사역동사	make, have, let + O + [원형부정사] 목적격 보어 → O가 C하게 시키되
돕다동사	help + O + [(to) 원형부정사] 목적격 보어 → O가 C하도록 돕다
지각동사	see, hear, feel + O + [원형부정사/현재분사] 목적격 보어 → O가 C하는 것을 보다, 듣다, 느끼다

03 My mom always makes me do my homework before I go out.

04 They helped their neighbor carry groceries into the house.

05 They let their children play with toys in the living room.

Analysis & Translation

📖 문장 구조 분석
▶ 목적어와 목적보어의 의미관계는 주어와 동사관계로 여겨진다.

03 <u>My mom</u> (always) <u>makes</u> <u>me</u> <u>do my homework</u>
　　　 S　　　　 M　　　 V　　 O　　　 O.C
(before I go out).
　➡ 우리 엄마는 항상 내가 외출하기 전에 숙제를 하게 하신다.

04 <u>They</u> <u>helped</u> <u>their neighbor</u> <u>carry groceries into the house</u>.
　　 S　　 V　　　　 O　　　　　　 O.C
　➡ 그들은 이웃이 식료품을 집으로 옮기는 것을 도왔습니다.

05 <u>They</u> <u>let</u> <u>their children</u> <u>play with toys</u> (in the living room).
　　 S　 V　　　 O　　　　　 O.C
　➡ 그들은 아이들이 거실에서 장난감을 가지고 놀게 한다.

 Check Out

※ 다음 문장 내에서 목적보어를 찾아 밑줄 긋고 해석하세요.

01 The teacher wants her students to complete their assignments on time.

02 I let my friend borrow my calculator for the math quiz.

03 My parents have me do chores around the house to earn my allowance.

04 Mike helped his dad fix the broken fence in the yard.

해설

01 <u>The teacher</u> <u>wants</u> <u>her students</u> <u>to complete their</u>
    S   V   O   O.C

<u>assignments</u> (on time).
                    M

➡ 선생님은 학생들이 제 시간에 과제를 완료하기를 원한다.

02 <u>I</u> <u>let</u> <u>my friend</u> <u>borrow my calculator</u> (for the math quiz).
   S V   O   O.C   M

➡ 수학 퀴즈를 위해 친구에게 계산기를 빌려주었다.

03 <u>My parents</u> <u>have</u> <u>me</u> <u>do chores</u> (around the house)
    S   V   O   O.C   M

(to earn my allowance).
        M

➡ 부모님은 용돈을 벌기 위해 집안일을 시키신다.

04 <u>Mike</u> <u>helped</u> <u>his dad</u> <u>fix the broken fence</u> (in the yard).
   S   V   O   O.C   M

➡ Mike는 아빠가 마당의 부러진 울타리를 고치는 것을 도왔다.

 www.pmg.co.kr

  포인트 적용해서 해석하기

01 그녀는 아들에게 상을 주면서 방 청소를 시켰다.

02 나는 휴가 동안 동료가 나중에 은혜를 갚겠다고 제안하여 나를 대신해 주도록 했다.

03 보고서를 제출하기 전에 동료에게 교정을 요청했다.

04 휴가를 떠나 있는 동안 이웃에게 식물에 물을 달라고 부탁했다.

05 그는 친구에게 돈을 빌려달라고 부탁했다.

06 우리 팀이 프로젝트 마감일을 맞출 것으로 기대한다.

07 나는 내 친구가 내일 아침 체육관에서 나와 함께 하기를 기대한다.

08 그녀는 딸이 파티에 늦게까지 밖에 있는 것을 허락했다.

01 She got her son to clean his room by offering him a reward.

➡ _____

02 I got my colleague to cover for me during my vacation by offering to return the favor in the future.

➡ _____

03 He asked his colleague to proofread his report before submitting it.

➡ _____

04 I asked my neighbor to water my plants while I am away on vacation.

➡ _____

05 He asked his friend to lend him some money.

➡ _____

06 I expect my team to meet the deadline for the project.

➡ _____

07 I expect my friend to join me at the gym tomorrow morning.

➡ _____

08 She allowed her daughter to stay out late for the party.

➡ _____

120 진가영 영어

09 The principal asked the teachers to prepare for the upcoming parent-teacher conference.

➡ _____

09 교장은 교사들에게 다가오는 학부모-교사 회의를 준비하도록 요청했다.

10 The supervisor allowed her team to work from home on Fridays.

➡ _____

10 상사는 그녀의 팀이 금요일에 집에서 일하도록 허락했다.

11 He asked his secretary to book his flights for the business trip.

➡ _____

11 그는 비서에게 출장을 위한 비행기 예약을 부탁했다.

12 She helped me study for the history test.

➡ _____

12 그녀는 역사 시험 공부를 도와주었다.

13 My mom made me go to the dentist for a check-up.

➡ _____

13 엄마가 검진을 받으러 치과에 가라고 하셨다.

14 She helped me write my English essay.

➡ _____

14 그녀는 내가 영어 에세이를 쓰는 것을 도와주었다.

15 They helped their friend move into a new apartment.

➡ _____

15 그들은 친구가 새 아파트로 이사하는 것을 도왔다.

16 She let her daughter dye her hair pink for the summer.

➡ _____

16 그녀는 딸에게 여름을 위해 머리를 분홍색으로 염색하게 했다.

UNIT 3 **다양한 목적격 보어[목적어와 목적격 보어 관계가 수동인 경우]**

분사란 동사의 변형된 수식어로 'v-ing'는 '하는, 하고 있는'으로 'p.p.'는 '된, 받은, 당한'으로 해석이 되며, 목적보어로 역할을 할 수 있다.

point 01

✦ 보어 역할을 하는 원형부정사(동사원형)와 현재분사

사역동사	make have	+ O	+ p.p.
	let		+ be p.p.
지각동사	see hear feel	+ O	+ p.p.
일반동사	get / force ask / cause allow	+ O	+ p.p.

01 She had to have her cast removed after her broken arm healed.

02 He saw his friend being interviewed on TV.

Analysis & Translation

01 <u>She</u> <u>had to have</u> <u>her cast</u> <u>removed</u> (after her broken
     S   V   O   O.C   M
     arm healed).

⮕ 그녀는 부러진 팔이 치유된 후 깁스를 제거해야 했다.

02 <u>He</u> <u>saw</u> <u>his friend</u> <u>being interviewed</u> (on TV).
     S   V   O   O.C

⮕ 그는 친구가 TV에서 인터뷰하는 것을 보았다.

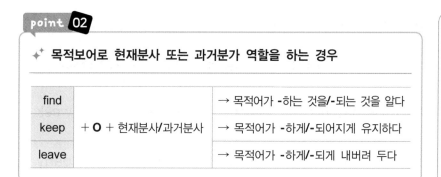

point 02

✦ 목적보어로 현재분사 또는 과거분가 역할을 하는 경우

find		→ 목적어가 -하는 것을/-되는 것을 알다
keep	+ O + 현재분사/과거분사	→ 목적어가 -하게/-되어지게 유지하다
leave		→ 목적어가 -하게/-되게 내버려 두다

03 The chef left the meal prepared and plated for the guests to enjoy.

04 She kept the secret hidden from everyone.

05 He left the car washed and parked in the garage.

Analysis & Translation

03 <u>The chef</u> <u>left</u> <u>the meal</u> <u>prepared and plated</u> for the

    S   V   O   O.C

guests to enjoy.

➡ 주방장은 식사 준비를 하고 손님들에게 식사를 준비했다.

04 <u>She</u> <u>kept</u> <u>the secret</u> <u>hidden from everyone</u>.

    S   V   O   O.C

➡ 그녀는 모든 사람에게 비밀을 숨겼다.

05 <u>He</u> <u>left</u> <u>the car</u> <u>washed and parked</u> in the garage.

    S   V   O   O.C

➡ 그는 차를 세탁하고 차고에서 주차했다.

  Check **Out**

※ 다음 문장 내에서 목적보어를 찾아 밑줄 긋고 해석하시오.

01 He had his car serviced at the mechanic last week.

02 She left the cake baked and ready for the party.

03 He kept the room locked to maintain privacy.

04 He kept the dog wagging its tail by throwing a ball
   for it to fetch.

해설

01 He had his car serviced (at the mechanic last week).
   S   V   O   O.C   M
   ➡ 그는 지난 주에 정비소에서 차를 정비받았다(정비를 받게 했다).

02 She left / the cake baked and ready (for the party).
   S   V   O   O.C   M
   ➡ 그녀는 케이크를 구운 후 파티를 준비했다.

03 He kept / the room locked (to maintain privacy).
   S   V   O   O.C   M
   ➡ 사생활 보호를 위해 방을 잠가두었다.

04 He kept / the dog wagging its tail (by throwing a ball)
   S   V   O   O.C   M

   (for it to fetch).
            M
   ➡ 그는 개가 가져오도록 공을 던져 꼬리를 계속 흔들게 했다.

포인트 적용해서 해석하기

01 She had to have her braces adjusted at the orthodontist.

➡ _____

02 She found the book fascinating, keeping her up all night.

➡ _____

03 He had his car serviced at the mechanic last week.

➡ _____

04 She has had her dress altered by a tailor.

➡ _____

05 I had my phone repaired at the shop.

➡ _____

06 We have had our windows replaced with new ones.

➡ _____

07 I have had my glasses fixed by an optometrist.

➡ _____

08 He watched his favorite movie being played at the theater.

➡ _____

해석

01 그녀는 치열 교정의에서 교정기를 조정해야 했다.

02 그녀는 그 책이 매력적이어서 밤새도록 깨어 있었다.

03 그는 지난 주에 정비소에서 차를 정비받았다.

04 그녀는 재단사에게 옷을 수선받았다.

05 가게에서 전화기를 수리했다.

06 창문을 새것으로 교체했다.

07 안경사에게 안경을 고쳐주었다.

08 그는 그가 좋아하는 영화가 극장에서 상영되는 것을 보았다.

09 그들은 휴가를 떠나기 전에 집을 청소하고 정리했다.

09 They left the house cleaned and tidied up before going on vacation.

➡ _____

10 그녀는 친구를 커피숍에서 기다리게 내버려 두었다.

10 She left her friend waiting at the coffee shop.

➡ _____

11 예상치 못한 상황으로 인해 프로젝트를 미완성 상태로 두었다.

11 They left the project unfinished due to unforeseen circumstances.

➡ _____

12 아이들은 장난감을 거실 곳곳에 흩뿌려 놓았다.

12 The kids left their toys scattered all over the living room.

➡ _____

13 그들은 잠긴 캐비닛에 문서를 안전하게 보관했다.

13 They kept the documents secured in a locked cabinet.

➡ _____

14 관리자는 팀원들 사이에서 정보를 기밀로 유지했다.

14 The manager kept the information confidential among the team members.

➡ _____

15 그는 개가 가져오도록 공을 던져 꼬리를 계속 흔들게 했다.

15 He kept the dog wagging its tail by throwing a ball for it to fetch.

➡ _____

16 나는 뒤뜰에서 정원 가꾸기로 바쁘게 지냈다.

16 I kept myself busy by gardening in the backyard.

➡ _____

MEMO

시작!
진가영
영어

CHAPTER 01 구문 독해 연습 100

PART

03

구문 독해
연습 100

구문 독해 연습 100

어휘

reusable 재사용할 수 있는

produce 농산물, 농작물

spell 한동안[잠깐]
precede 먼저 일어나다,
앞서다, 선행하다

evil 악, 유해물

sound 건강한

✏️ **독해 연습**

01 Buy reusable products.
➡ _____

02 Practice makes perfect.
➡ _____

03 Buy local produce that is in season.
➡ _____

04 Where did the world come from?
➡ _____

05 A quiet spell usually precedes a storm.
➡ _____

06 Why is there evil in the world?
➡ _____

07 A sound mind in a sound body.
➡ _____

독해 연습 해석

01 Buy reusable products.

> 해석 재사용 할 수 있는 상품을 사라.

02 Practice makes perfect.

> 해석 연습이 완벽함을 만든다.

03 Buy local produce that is in season.

> 해석 제철인 지역 농산물을 구매하라.

04 Where did the world come from?

> 해석 이 세상은 어디에서 왔는가?

05 A quiet spell usually precedes a storm.

> 해석 폭풍우 전에는 대체로 고요한 시기가 온다.

06 Why is there evil in the world?

> 해석 왜 이 세상에 악이 존재하는가?

07 A sound mind in a sound body.

> 해석 건강한 신체에 건강한 정신이 깃든다.

✏ 독해 연습

time and tide 세월

08 Time and tide wait for no man.

➡ _____

09 Experience is the best teacher.

➡ _____

purchase 구매

10 Before making any purchase, do your research.

➡ _____

seaweed 해초
soy 콩

11 These may be vitamins from seaweed or soy.

➡ _____

12 What happens to people after they die?

➡ _____

for good 영원히

13 The injury may keep him out of football for good.

➡ _____

14 The clinic discovers the problems of the car.

➡ _____

myth 신화, 근거 없는 믿음

15 Myths try to answer several questions.

➡ _____

독해 연습 해석

08 Time and tide wait for no man.

해석 시간은 사람을 기다리지 않는다.

09 Experience is the best teacher.

해석 경험이 최고의 스승이다.

10 Before making any purchase, do your research.

해석 어떤 구매를 하기 전에, 조사를 해라.

11 These may be vitamins from seaweed or soy.

해석 이것들은 해초나 콩에서 나온 비타민일지도 모른다.

12 What happens to people after they die?

해석 사후에 사람들에게 무엇이 발생하는가?

13 The injury may keep him out of football for good.

해석 그 부상은 그가 영원히 축구를 못하게 할지도 모른다.

14 The clinic discovers the problems of the car.

해석 클리닉은 차의 문제점을 발견한다.

15 Myths try to answer several questions.

해석 신화들은 몇몇 질문들에 대답하고자 노력한다.

독해 연습

16 Kangaroo steak is one of this year's new dishes.

➡ _____

the poor 가난한 사람들

17 In Bengal, paan is luxurious food for the poor.

➡ _____

go without ~ 없이 지내다

18 Many poor Indians go without food every other day.

➡ _____

19 Globalization has become a part of china's growth.

➡ _____

extinct 멸종한
calamity 재앙, 재난

20 Dinosaurs became extinct due to a particular calamity.

➡ _____

21 More than 20,000 visitors attended last year's festival.

➡ _____

hatch 부화하다

22 Do not count your chickens before they hatch.

➡ _____

pollutant 오염 물질

23 A pollutant need not be harmful in itself.

➡ _____

독해 연습 해석

16 Kangaroo steak is one of this year's new dishes.

해석 캥거루 스테이크는 올해의 새 요리 중 하나이다.

17 In Bengal, paan is luxurious food for the poor.

해석 벵갈에서, paan은 가난한 사람들에게는 사치스러운 음식이다.

18 Many poor Indians go without food every other day.

해석 많은 가난한 인도 사람들은 격일로 음식 없이 지낸다.

19 Globalization has become a part of china's growth.

해석 세계화는 중국 성장의 일부분이 되었다.

20 Dinosaurs became extinct due to a particular calamity.

해석 공룡은 특정 재앙으로 인해 멸종했다.

21 More than 20,000 visitors attended last year's festival.

해석 20,000명이 넘는 방문객들이 작년 축제에 참석했다.

22 Do not count your chickens before they hatch.

해석 부화도 되기 전에 병아리를 세지 마라.

23 A pollutant need not be harmful in itself.

해석 오염 물질이 그 자체로 해로울 필요는 없다.

독해 연습

24 Temperatures have no effect on the extinction of dinosaurs.

➡ _____

universal 보편적인

25 Pollution is now a universal problem all over the world.

➡ _____

cheat 속이다

26 The clinic's report prevents you from being cheated by mechanics.

➡ _____

meet 충족시키다

27 The food the rural poor in India take doesn't meet their nutritional requirements.

➡ _____

fee 요금, 수수료

28 In spite of the high fees, the clinics are popular among automobile owners.

➡ _____
_____

29 Some pollutants are more harmful to life than others.

➡ _____
_____

독해 연습 해석

24 Temperatures have no effect on the extinction of dinosaurs.

해석 온도는 공룡의 멸종에 아무런 영향을 미치지 못한다.

25 Pollution is now a universal problem all over the world.

해석 오염은 이제 전 세계적으로 보편적인 문제이다.

26 The clinic's report prevents you from being cheated by mechanics.

해석 클리닉의 보고서는 당신이 정비사에 의해 속임을 당하는 것을 막아준다.

27 The food the rural poor in India take doesn't meet their nutritional requirements.

해석 인도의 시골에 가난한 사람들이 먹는 음식은 그들의 영양 요구량을 충족시키지 않는다.

28 In spite of the high fees, the clinics are popular among automobile owners.

해석 높은 수수료에도 불구하고 클리닉은 자동차 소유주들에게 인기가 높다.

29 Some pollutants are more harmful to life than others.

해석 어떤 오염 물질들은 다른 것들보다 생명에 더 해롭다.

www.pmg.co.kr

✎ 독해 연습

extraordinary 특별한, 비범한

30 The story describes the extraordinary encounter between a man and a dolphin.

➡ _____

_____

31 Turtles may help us understand the extinction of dinosaurs.

➡ _____

_____

junk food 정크 푸드
(건강에 좋지 못한 것으로 여겨지는 인스턴트 음식이나 패스트푸드)

32 Liquor, tobacco and junk foods cause chronic illnesses like diabetes.

➡ _____

_____

33 For example, buy washable cloth towels rather than paper cups.

➡ _____

_____

cruel 잔인한

34 They think it is cruel to make a cow produce milk all the time.

➡ _____

_____

intuition 직감, 직관

35 From there were born our studies of human intuition.

➡ _____

_____

🔒 독해 연습 해석

30 The story describes the extraordinary encounter between a man and a dolphin.

해석 그 이야기는 한 남자와 돌고래 한 마리의 특별한 만남을 묘사하고 있다.

31 Turtles may help us understand the extinction of dinosaurs.

해석 거북이는 우리가 공룡의 멸종을 이해할 수 있게 도와줄 수 있다.

32 Liquor, tobacco and junk foods cause chronic illnesses like diabetes.

해석 술, 담배, 정크 푸드는 당뇨와 같은 만성 질환을 유발한다.

33 For example, buy washable cloth towels rather than paper cups.

해석 예를 들어, 종이컵 대신 물에 빨아도 되는 천 타월을 사도록 해라.

34 They think it is cruel to make a cow produce milk all the time.

해석 그들은 소가 항상 우유를 만들어내도록 하는 것이 잔인하다고 생각한다.

35 From there were born our studies of human intuition.

해석 거기서 인간의 직감에 관한 우리의 연구가 생겨났다.

독해 연습

36 We could spend hours of solid work in continuous delight.

➡ _____

_____

account for 설명하다

37 Myths also try to account for a society's customs and rituals.

➡ _____

_____

38 It is usually cheaper and fresher and has less impact on the environment.

➡ _____

_____

direction 방향

39 Eyes see things around and they send signals about the direction of movement.

➡ _____

_____

40 Children usually feel sick in the stomach when traveling in a car, airplane, or train.

➡ _____

_____

Chances are that ~ 아마 ~ 일 것이다

41 Chances are that you have regular access to a computer.

➡ _____

_____

🔒 **독해 연습 해석**

36 We could spend hours of solid work in continuous delight.

해석 우리는 끊임없는 기쁨 속에서 확고한 작업에 몇 시간이고 보냈다.

37 Myths also try to account for a society's customs and rituals.

해석 신화들은 또한 한 사회의 관습들과 의례들을 설명하고자 노력한다.

38 It is usually cheaper and fresher and has less impact on the environment.

해석 그것은 보통 더 싸고, 더 신선하고 환경에 거의 영향이 더 적다.

39 Eyes see things around and they send signals about the direction of movement.

해석 눈은 주변 사물을 보고 이동 방향에 대해 신호를 보낸다.

40 Children usually feel sick in the stomach when traveling in a car, airplane, or train.

해석 아이들은 대개 차, 비행기 또는 기차로 여행할 때 위속에서 메스꺼움을 느낀다.

41 Chances are that you have regular access to a computer.

해석 아마도 당신은 컴퓨터에 정기적으로 접속할 것이다.

독해 연습

42 I'll always remember hiking to the top of the mountain with my friends.

➡ _____

_____

43 He sent his classmate a text message reminding him of the deadline.

➡ _____

_____

44 He left home two weeks ago and we haven't heard from him since.

➡ _____

_____

45 Living within your means can require a major lifestyle change.

➡ _____

_____

accompany 동행하다,
동반하다

46 Pollution has accompanied mankind for millions of years.

➡ _____

_____

47 Depending on your values, different kinds of numbers may be important to you.

➡ _____

_____

독해 연습 해석

42 I'll always remember hiking to the top of the mountain with my friends.

해석 나는 항상 친구들과 산 정상까지 하이킹한 것을 기억할 것입니다.

43 He sent his classmate a text message reminding him of the deadline.

해석 그는 급우에게 마감일을 상기시키는 문자 메시지를 보냈습니다.

44 He left home two weeks ago and we haven't heard from him since.

해석 그는 2주 전에 집을 떠났는데 그 이후로 우리는 그에게서 소식을 못 들었다.

45 Living within your means can require a major lifestyle change.

해석 수입 내에서 사는 것은 상당한 생활 방식의 변화를 요구한다.

46 Pollution has accompanied mankind for millions of years.

해석 오염은 수백만 년 동안 인간과 동행해 왔다.

47 Depending on your values, different kinds of numbers may be important to you.

해석 당신의 가치에 따라, 여러 종류의 숫자들은 당신에게 중요할지도 모른다.

독해 연습

poultry 가금류

48 Vegans do not eat meat, fish, poultry, eggs, or animal's milk.

➡ _____ _____
_____

49 Turtle eggs that lie in the sand at cool temperatures produce male turtles.

➡ _____
_____

zoologist 동물학자

50 Zoologists at SUNY have observed how sea turtles develop into males or females.

➡ _____

negativity 부정적 성향,
부정성, 소극성,
음성(陰性)

51 All the stress and negativity of living from paycheck to paycheck has vanished.

➡ _____

overcome 극복하다

52 He has overcome the early difficulties he had in business and managed to greatly expand his company.

➡ _____

dedication 헌신
diligence 근면

53 If you work with dedication and diligence, you will be able to live free from debt.

➡ _____

🔒 독해 연습 해석

48 Vegans do not eat meat, fish, poultry, eggs, or animal's milk.

해석 채식주의자는 고기, 생선, 가금류, 계란 또는 동물의 우유를 먹지 않는다.

49 Turtle eggs that lie in the sand at cool temperatures produce male turtles.

해석 서늘한 온도의 모래 속에 있는 바다거북 알은 수컷이 된다.

50 Zoologists at SUNY have observed how sea turtles develop into males or females.

해석 SUNY의 동물학자들은 어떻게 바다거북이 수컷과 암컷으로 발전하는지를 관찰했다.

51 All the stress and negativity of living from paycheck to paycheck has vanished.

해석 그날 벌어 그날 먹고 사는 것으로 인한 모든 스트레스와 부정적 성향이 사라진 것이다.

52 He has overcome the early difficulties he had in business and managed to greatly expand his company.

해석 그는 사업 초기의 어려움을 극복하고 회사를 크게 성장시켰다.

53 If you work with dedication and diligence, you will be able to live free from debt.

해석 당신이 헌신과 근면함을 가지고 일을 한다면, 빚으로부터 벗어나 살 수 있을 것이다.

✎ 독해 연습

54 Most vegans avoid eating honey because bees are killed when they produce honey.

➡ _____

55 Today's consumers are faced with a wider range of choices than ever before.

➡ _____

56 Select products made from renewable resources, such as wood and wool.

➡ _____

as for ~에 대해서 말하자면

57 As for eggs, chickens suffer as they are put in cages all their lives to lay eggs continuously.

➡ _____
_____

58 To buy economically, as well as to protect the environment, follow these basic principles.

➡ _____
_____

factor 요소

59 Regarding your suggestion, I think there are several major factors you haven't considered.

➡ _____
_____

독해 연습 해석

54 Most vegans avoid eating honey because bees are killed when they produce honey.

해석 대부분의 채식주의자들은 벌이 꿀을 생산할 때 죽기 때문에 꿀을 먹지 않는다.

55 Today's consumers are faced with a wider range of choices than ever before.

해석 오늘날의 소비자들은 예전보다 훨씬 넓은 범위의 선택에 직면한다.

56 Select products made from renewable resources, such as wood and wool.

해석 나무와 모직 같은 재생 가능한 자원으로 만들어진 상품을 선택하라.

57 As for eggs, chickens suffer as they are put in cages all their lives to lay eggs continuously.

해석 계란에 대해서 말하자면, 닭들은 끊임없이 달걀을 낳기 위해 평생 동안 우리 안에서 있으면서 고통받는다.

58 To buy economically, as well as to protect the environment, follow these basic principles.

해석 환경을 보호하는 것뿐 아니라 경제적으로 구매하기 위해서 이러한 기본적 원칙을 지켜라.

59 Regarding your suggestion, I think there are several major factors you haven't considered.

해석 당신의 제안에 관해 살펴보면, 몇 가지 중요한 요소를 고려하지 않은 것 같다.

www.pmg.co.kr

 독해 연습

detergent 세제

60 However, many customers do not actually compare what is inside the box of various detergents.

➡ _____
_____

justify 정당화하다

61 Beyond giving such explanations, myths are used to justify the way a society lives.

➡ _____
_____

excusable 용서받을 수 있는

62 For this reason, smoking is more dangerous and less excusable than other drugs.

➡ _____
_____

monetary 금전의

63 It is not surprising, therefore, that people often value education for its monetary value.

➡ _____
_____

64 The ministry promised to protect foreign copyrights, but did little to enforce its law.

➡ _____
_____

독해 연습 해석

60 However, many customers do not actually compare what is inside the box of various detergents.

해석 그러나 많은 고객들은 실제로 여러 세제 상자 속에 있는 내용물을 비교하지는 않는다.

61 Beyond giving such explanations, myths are used to justify the way a society lives.

해석 그러한 설명을 제공하는 것 이상으로 신화들은 한 사회가 생존하는 방식을 정당화하기 위해서 사용된다.

62 For this reason, smoking is more dangerous and less excusable than other drugs.

해석 이런 이유로 흡연은 다른 약물보다 더 위험하고 더욱 용서할 수 없는 것이다.

63 It is not surprising, therefore, that people often value education for its monetary value.

해석 그러므로 사람들이 종종 교육의 금전적인 가치로 교육을 평가하는 것은 놀라운 일이 아니다.

64 The ministry promised to protect foreign copyrights, but did little to enforce its law.

해석 그 부서는 외국 저작권을 보호하겠다고 약속했지만 해당법을 시행하기 위한 조처는 거의 취하지 않았다.

65 Three-quarters of what we absorb in the way of information about nature comes into our brains via our eyes.

➡ _____

_____

by-product 부산물
respiration 호흡
tissue 조직

66 Carbon dioxide, for example, is a normal component of the atmosphere and a by-product of respiration that is found in all animal tissues.

➡ _____

_____

_____

67 The language which he speaks is not an individual inheritance, but a social acquisition from the group in which he grows up.

➡ _____

_____

_____

68 Ruling families in several ancient civilizations found justification for their power in myths that described their origin in the world of the gods or in heaven.

➡ _____

_____

_____

🔒 독해 연습 해석

65 Three-quarters of what we absorb in the way of information about nature comes into our brains via our eyes.

> 해석 우리가 자연에 대해 정보로 받아들이는 것의 4분의 3은 눈을 통해 우리 뇌로 들어온다.

66 Carbon dioxide, for example, is a normal component of the atmosphere and a by-product of respiration that is found in all animal tissues.

> 해석 예를 들어, 이산화탄소는 대기의 정상적인 성분이며 모든 동물의 조직에서 발견되는 호흡의 부산물인 것이다.

67 The language which he speaks is not an individual inheritance, but a social acquisition from the group in which he grows up.

> 해석 한 사람이 사용하는 언어는 개인적인 유산이 아니라 그 사람이 자란 집단으로부터 나온 사회적인 습득물이다.

68 Ruling families in several ancient civilizations found justification for their power in myths that described their origin in the world of the gods or in heaven.

> 해석 몇몇 고대 문명들에서 지배 가문들은 그들의 권력에 대한 명분을 신들의 세상이나 천국에서 그들의 기원을 설명하는 신화 속에서 찾았다.

독해 연습

hilarious 재미있는

69 His inaugural address was so hilarious that quite a few people were unable to hold back their laughter.

➡ _____

_____

_____

astronomer 천문학자

70 Astronomers today are convinced that people living thousands of years ago were studying the movement of the sky.

➡ _____

_____

_____

present 주다, 수여하다,
제시하다, 나타내다

71 Using your Web browser, type in "online dictionaries," and you'll be presented with a wide range of choices.

➡ _____

_____

_____

countless 셀 수 없이 많은

72 The effects of smoking cause heart attacks, lung cancer, oral cancer, memory loss, and countless other diseases.

➡ _____

_____

_____

get to부정사 ~하게 되다

73 As soon as we are born, the world gets to work on us and transforms us from merely biological into social units.

➡ _____

_____

_____

69 His inaugural address was so hilarious that quite a few people were unable to hold back their laughter.

해석 그의 취임 연설은 너무 재미있어서 상당히 많은 사람들이 웃음을 참을 수가 없었다.

70 Astronomers today are convinced that people living thousands of years ago were studying the movement of the sky.

해석 오늘날 천문학자들은 수천 년 전에 살았던 사람들이 천체의 움직임을 연구했다고 확신한다.

71 Using your Web browser, type in "online dictionaries," and you'll be presented with a wide range of choices.

해석 웹브라우저를 사용해서 "온라인 사전"을 쳐보라. 그러면 다양한 범위의 선택을 받게 될 것이다.

72 The effects of smoking cause heart attacks, lung cancer, oral cancer, memory loss, and countless other diseases.

해석 흡연의 영향이 심장마비, 폐암, 구강암, 기억상실 그리고 셀 수 없이 많은 다른 질병을 초래한다.

73 As soon as we are born, the world gets to work on us and transforms us from merely biological into social units.

해석 우리가 태어나자마자 세계는 우리에게 영향을 미치게 되고 우리를 단지 생물학적인 개체에서 사회적인 개체로 바꾸게 된다.

  독해 연습

74 Our principle was to discuss every disagreement until it had been resolved to our mutual satisfaction.

➡ _____
_____
_____

75 Some of the hardcover dictionaries that you may be familiar with maintain their own online dictionaries, too.

➡ _____
_____
_____

76 Every year, people spend approximately 400 million dollars on detergents to clean, and help keep their laundry fresh.

➡ _____
_____
_____

be used to부정사
~하기 위해 사용되다

77 Television and magazine advertising was used to build consumer awareness, and coupons were employed to stimulate sales.

➡ _____
_____
_____

🔒 독해 연습 해석

74 Our principle was to discuss every disagreement until it had been resolved to our mutual satisfaction.

해석 우리의 원칙은 모든 불일치가 우리가 서로 만족스럽게 해결될 때까지 토의하는 것이었다.

75 Some of the hardcover dictionaries that you may be familiar with maintain their own online dictionaries, too.

해석 당신이 익숙한 일부 하드커버 사전은 자신들의 온라인 사전도 유지하고 있다.

76 Every year, people spend approximately 400 million dollars on detergents to clean, and help keep their laundry fresh.

해석 매년, 사람들은 세탁물을 깨끗하게 하고 산뜻하게 유지하는 데 약 4억 달러를 세제에 쓴다.

77 Television and magazine advertising was used to build consumer awareness, and coupons were employed to stimulate sales.

해석 TV와 잡지 광고는 소비자들의 인지를 구축하는 데 이용되었으며 쿠폰은 매출을 촉진하는 데 사용되었다.

second-hand smoke
간접흡연

see eye to eye
의견이 일치하다

78 The reason for these health problems is that each cigarette is filled with more than 200 different toxins including nicotine, a drug so powerful that it's more addictive than heroin.

➡ _____
_____
_____

79 Furthermore, second-hand smoke affects countless innocent people who end up suffering for someone else's bad addiction.

➡ _____
_____
_____

80 Every human being at every stage of history or pre-history is born into a society and from his earliest years is molded by that society.

➡ _____
_____
_____

81 They knew about and were able to predict these and other cycles only by observing carefully over periods of days, and months, and years.

➡ _____
_____
_____

🔒 독해 연습 **해석**

78 The reason for these health problems is that each cigarette is filled with more than 200 different toxins including nicotine, a drug so powerful that it's more addictive than heroin.

> **해석** 이러한 건강 문제의 이유는 담배 한 개비는 니코틴은 너무 강력해서 헤로인보다 더 중독성이 강한 니코틴을 포함한 200개 이상의 다른 독소들로 가득 차 있기 때문이다.

79 Furthermore, second-hand smoke affects countless innocent people who end up suffering for someone else's bad addiction.

> **해석** 게다가 간접흡연은 결국 다른 사람의 나쁜 습관으로 인해 고통을 겪는 셀 수 없는 무고한 사람들에게도 영향을 미친다.

80 Every human being at every stage of history or pre-history is born into a society and from his earliest years is molded by that society.

> **해석** 모든 역사 혹은 선사시대의 모든 인류는 하나의 사회 속에서 태어나고 어린 시절부터 그런 사회에 의해서 형성된다.

81 They knew about and were able to predict these and other cycles only by observing carefully over periods of days, and months, and years.

> **해석** 그들은 단지 일, 월, 년의 주기를 주의 깊게 관찰함으로써 이러한 현상과 그 주기에 대해 알았으며 예측할 수 있었다.

독해 연습

82 But when the brain isn't able to find a link and isn't able to draw a picture out of the signals, it makes you feel sick.

➡ _____
_____
_____

83 Those on the outside feel like second-class citizens, and those on the inside often suffer from superiority complexes.

➡ _____
_____
_____

mortgage 대출, 융자

84 To many, the sum total in the retirement account is the number-one number, and some people zero in on the amount left on their mortgage.

➡ _____
_____
_____

85 It is certainly important for children to learn to succeed; but it is just as important for them to learn not to fear failure.

➡ _____
_____
_____

🔖 독해 연습 해석

82 But when the brain isn't able to find a link and isn't able to draw a picture out of the signals, it makes you feel sick.

> 해석 그러나 뇌가 관계를 찾지 못하고 신호로 그림을 그릴 수 없을 때 당신은 멀미하게 되는 것이다.

83 Those on the outside feel like second-class citizens, and those on the inside often suffer from superiority complexes.

> 해석 밖에 있는 사람들은 열등 시민처럼 느껴지고, 안에 있는 사람들은 종종 우월 콤플렉스를 겪는다.

84 To many, the sum total in the retirement account is the number-one number, and some people zero in on the amount left on their mortgage.

> 해석 많은 사람들에게는, 퇴직계좌의 총액이 가장 중요한 숫자이고, 일부 사람들은 대출에 남겨진 양에 초점을 맞춘다.

85 It is certainly important for children to learn to succeed; but it is just as important for them to learn not to fear failure.

> 해석 어린이가 성공하는 법을 배우는 것이 중요한 것은 분명하다. 하지만 실패를 두려워하지 않는 법을 배우는 것 역시 중요하다.

 www.pmg.co.kr

독해 연습

standardize 표준화하다

86 The focus on constant testing to measure and standardize children's accomplishments has intensified their fear of failure.

➡ _____

_____

_____

deficiency 결핍

87 A growing number of people are seeking medical attention for vitamin D deficiency, a common condition among those who spend a lot of time indoor.

➡ _____

_____

_____

make the most of 최대한 활용하다

88 Knowing the value of your time enables you to make wise decisions about where and how you spend it so you can make the most of this limited resource according to your circumstances, goals, and interests.

➡ _____

_____

_____

_____

substance 물질

89 Pollution is the addition of any substance or form of energy to the environment at a rate faster than the environment can accommodate it by dispersion, breakdown, recycling, or storage in some harmless form.

➡ _____

_____

_____

_____

🔒 독해 연습 해석

86 The focus on constant testing to measure and standardize children's accomplishments has intensified their fear of failure.

> 해석 어린이의 성취도를 측정하고 표준화하기 위한 끊임없는 시험에 대한 초점은 실패에 대한 아이들의 두려움을 강화해 왔다.

87 A growing number of people are seeking medical attention for vitamin D deficiency, a common condition among those who spend a lot of time indoor.

> 해석 점점 더 많은 사람들이 많은 시간을 실내에서 보내는 사람들 사이에서 흔한 증세인 비타민 D 결핍으로 인한 치료를 받으려고 하고 있다.

88 Knowing the value of your time enables you to make wise decisions about where and how you spend it so you can make the most of this limited resource according to your circumstances, goals, and interests.

> 해석 당신의 시간의 가치를 안다는 것이 당신으로 하여금 당신이 시간을 어디에, 어떻게 쓰는지에 관해 현명한 결정을 할 수 있게 하며, 그래서 당신은 상황, 목표, 관심사에 따라 이 제한된 자원들을 최대한으로 활용할 수 있다.

89 Pollution is the addition of any substance or form of energy to the environment at a rate faster than the environment can accommodate it by dispersion, breakdown, recycling, or storage in some harmless form.

> 해석 오염은 환경이 분산, 분해, 재활용, 또는 무해한 형태로의 저장을 통해 수용할 수 있는 것보다 더 빠른 속도로 어떤 물질이나 어떤 에너지를 환경에 더한 것이다.

www.pmg.co.kr

sewage 하수 오물

timely 시기적절한, 때맞춘

 독해 연습

90 Human sewage can be a useful fertilizer, but when concentrated too highly it becomes a serious pollutant, menacing health and causing the depletion of oxygen in bodies of water.

➡ _____
_____
_____
_____

91 When the brain gets timely reports from the various body parts, it finds a relation between the signals and sketches a picture about the body's movement and position at a particular instant.

➡ _____
_____
_____
_____

92 The joint sensory receptors and muscles send signals about the movement of the muscles and the position in which the body is.

➡ _____
_____
_____
_____

독해 연습 해석

90 Human sewage can be a useful fertilizer, but when concentrated too highly it becomes a serious pollutant, menacing health and causing the depletion of oxygen in bodies of water.

> 해석 사람의 하수 오물은 유용한 비료가 될 수 있지만 너무 지나치게 농축이 되면 심각한 오염 물질이 되어 건강을 위협하고 물속에 산소의 고갈을 초래한다.

91 When the brain gets timely reports from the various body parts, it finds a relation between the signals and sketches a picture about the body's movement and position at a particular instant.

> 해석 뇌가 다양한 신체 기관에서 들어오는 시기적절한 보고를 받게 되면 뇌는 신호 사이의 관계를 찾아 특정 순간의 신체 움직임과 동작에 관한 그림을 그린다.

92 The joint sensory receptors and muscles send signals about the movement of the muscles and the position in which the body is.

> 해석 공동 감각 수용기와 근육은 근육의 움직임과 몸이 있는 위치에 관한 정보를 보낸다.

plummet 급감하다

93 But with advertising plummeting, many other publishers eager for a new source of revenue are considering making the switch, despite the risk of losing audience and advertising.

➡ _____

_____

_____

_____

94 Astronomers in those ancient cultures had no telescopes or binoculars, but they had great power in that they could predict the changing seasons, track time, and predict events like eclipses and the risings of certain celestial objects.

➡ _____

_____

_____

_____

95 A surprising study showed that while each brand had its own marketing strategy, over 90 % of the same basic ingredients were identical to all brands.

➡ _____

_____

_____

_____

독해 연습 해석

93 But with advertising plummeting, many other publishers eager for a new source of revenue are considering making the switch, despite the risk of losing audience and advertising.

해석 그러나 광고가 급감하고 있어서 새로운 소득원을 찾고자 바라는 많은 다른 신문사들은 고객과 광고를 잃을 위험에도 불구하고 전환하는 것을 고려하고 있다.

94 Astronomers in those ancient cultures had no telescopes or binoculars, but they had great power in that they could predict the changing seasons, track time, and predict events like eclipses and the risings of certain celestial objects.

해석 고대 문화의 천문학자들은 망원경이나 쌍안경이 없었지만 그들은 변화하는 계절을 예측하고, 시간을 추적하고, 일식과 어떤 천체에 있는 물체의 출현과 같은 사건을 예측할 수 있었다는 점에서 대단한 힘을 가지고 있었다.

95 A surprising study showed that while each brand had its own marketing strategy, over 90 % of the same basic ingredients were identical to all brands.

해석 놀라운 연구에 따르면 브랜드마다 나름대로 마케팅 전략이 있지만 기본 성분의 90%가 모든 제품에 동일하다는 것이다.

novice 초보자

thesaurus 유의어 사전

독해 연습

96 Most consumers of detergents are not novices, meaning that they have tried various brands of detergents and carefully selected the best product.

➡ _____

_____

_____

_____

97 These Web sites offer multiple resources (thesauruses, encyclopedias, and quotation guides, to name a few), and you will need to determine which are free of charge and which require some membership fee.

➡ _____

_____

_____

_____

98 Adrenaline travels all over the body doing things such as widening the eyes to be on the lookout for signs of danger, pumping the heart faster to keep blood and extra hormones flowing, and tensing the skeletal muscles so they are ready to lash out at or run from the threat.

➡ _____

_____

_____

_____

🔒 독해 연습 해석

96 Most consumers of detergents are not novices, meaning that they have tried various brands of detergents and carefully selected the best product.

해석 대부분의 세제 고객들은 초보자가 아닌데, 이는 그들이 다양한 상표의 세제를 사용해 봤고 최고의 제품을 신중하게 선택했다는 것을 의미한다.

97 These Web sites offer multiple resources (thesauruses, encyclopedias, and quotation guides, to name a few), and you will need to determine which are free of charge and which require some membership fee.

해석 이런 웹사이트들은 여러 출처를(몇 가지 들어보자면 유의어 사전, 백과사전 그리고 인용문 안내) 제공할 것이고 따라서 어느 것이 무료이고 어느 것이 회비를 요구하는지 확인해야 할 것이다.

98 Adrenaline travels all over the body doing things such as widening the eyes to be on the lookout for signs of danger, pumping the heart faster to keep blood and extra hormones flowing, and tensing the skeletal muscles so they are ready to lash out at or run from the threat.

해석 아드레날린은 위험의 징후를 경계하기 위해 눈을 크게 뜨고, 혈액과 여분의 호르몬이 계속 흐르게 하기 위해 심장을 더 빠르게 펌프질하고, 골격근육을 긴장시켜 그들이 위협에 맞서거나 도망칠 준비를 하는 것과 같은 일들을 하면서 몸 전체를 돌아다닌다.

in-house 내부의

99 A very small number of news organizations, including The Wall Street Journal, The Financial Times and Newsday, already charge online readers, each with a system developed largely in-house, and The New York Times announced recently that it planned to do the same.

➡ _____
_____
_____
_____
_____

uphold 유지하다, 지지하다, 옹호하다

100 Obviously, the higher you raise your per-hour worth while upholding your priorities, the more you can propel your efforts toward meeting your goals, because you have more resources at your disposal — you have either more money or more time, whichever you need most.

➡ _____
_____
_____
_____
_____
_____

🖱 독해 연습 해석

99 A very small number of news organizations, including The Wall Street Journal, The Financial Times and Newsday, already charge online readers, each with a system developed largely in-house, and The New York Times announced recently that it planned to do the same.

해석 월 스트리트 저널, 파이낸셜 타임즈 그리고 뉴스데이를 포함한 극소수의 언론 단체가 이미 온라인 독자들에게 주로 내부에서 개발된 시스템을 가지고 온라인 독자들에게 요금을 부과하고 뉴욕 타임즈는 최근 들어 이와 같은 것을 할 계획이라고 발표했다.

100 Obviously, the higher you raise your per-hour worth while upholding your priorities, the more you can propel your efforts toward meeting your goals, because you have more resources at your disposal — you have either more money or more time, whichever you need most.

해석 명백히도, 당신이 당신의 우선권을 유지하면서, 시간당 가치를 더높이 올리면 올릴수록, 당신은 임의대로 더 많은 자원을 가지기 때문에, 당신은 당신의 목표를 달성하기 위한 방향으로 당신의 노력을 더 많이 추진할 수 있다 — 당신은 최고로 어느 것이 필요하든지, 당신은 더 많은 돈이나 더 많은 시간을 가진다.

MEMO

진가영

주요 약력

現 박문각 공무원 영어 온라인, 오프라인 대표강사
서강대학교 영미어문 우수 졸업
서강대학교 영미어문 심화 전공
중등학교 정교사 2급 자격증
단기 공무원 영어 전문 강의(개인 운영)

주요 저서

2024 박문각 공무원 입문서 시작! 진가영 영어
진가영 단기합격 영어문법
진가영 단기합격 영어독해
진가영 단기합격 영어어휘
진가영 단기합격 영어 기출문제집
진가영 영어문법 이론적용 200제
진가영 영어독해 이론적용 200제
진가영 영어 하프모의고사
진가영 영어 하프모의고사 시즌2
진가영 영어 최상으로 가는 영역별 출제 예상 400제
진가영 영어 단판승 문법 킬포인트 100
2023 박문각 공무원 봉투모의고사

시작!
진가영
영어

**박문각 공무원
입문서**

초판인쇄 | 2023. 5. 15. **초판발행** | 2023. 5. 19. **편저자** | 진가영 **발행인** | 박 용
발행처 | (주)박문각출판 **등록** | 2015년 4월 29일 제2015-000104호
주소 | 06654 서울시 서초구 효령로 283 서경 B/D 4층
팩스 | (02)584-2927 **전화** | 교재 주문·내용 문의 (02)6466-7202

저자와의
협의하에
인지생략

정가 17,000원   ISBN 979-11-6987-296-6
                 ISBN 979-11-6987-302-4(세트)

* 본 교재의 정오표는 박문각출판 홈페이지에서 확인하실 수 있습니다.